규슈,
백년의
맛

규슈, 백년의 맛

초판 1쇄 발행 2013년 12월 13일

지은이 박종호 김종열
펴낸이 강수걸
편집주간 전성욱
편집 양아름 권경옥 손수경 윤은미
펴낸곳 산지니
등록 2005년 2월 7일 제14-49호
주소 부산광역시 연제구 거제1동 1498-2 위너스빌딩 203호
전화 051-504-7070 | 팩스 051-507-7543
홈페이지 www.sanzinibook.com
전자우편 sanzini@sanzinibook.com
블로그 http://sanzinibook.tistory.com

ISBN 978-89-6545-233-1 03320

*이 책은 지역신문발전기금을 지원 받아 출판되었습니다.
*책값은 뒤표지에 있습니다.
*이 도서의 국립중앙도서관 출판시도서목록(CIP)은 e-CIP 홈페이지
(http://www.nl.go.kr/ecip)에서 이용하실 수 있습니다.
(CIP 제어번호: CIP 2013025786)

규슈, 백년의 맛

규슈 백년 가게,
그 맛과 비법을 찾아서

박종호 · 김종열 지음

산지니

후쿠오카의 명물 '야타이(포장마차)'에서 돈코츠라멘을 처음 맛보고는 곧바로 한국에서 먹던 돼지국밥을 떠올렸다. 돼지 사골로 만든 육수에 돼지고기를 올려준다는 점에서 돈코츠라멘과 돼지국밥은 근본이 같았다. '밥심'으로 사는 한국사람은 거기다 밥을 말고, 라멘의 종주국 일본에서는 라멘을 넣는다는 정도의 차이만 있었다. 이때부터 '돼지국밥과 돈코츠라멘은 한 배에서 나온 이란성 쌍둥이'라는 나름의 결론을 내렸다.

돈코츠라멘을 팔던 야타이의 주인은 아버지로부터 장사를 물려받아 2대째 경영을 하고 있었다. 우리나라에서는 큰 음식점조차 대를 이어 경영하는 경우가 그렇게 많지 않다. 전통을 중시하는 일본이라고 익히 알았지만 영세한 규모의 포장마차도 대를 잇는다는 사실이 놀라웠다.

한국과 일본은 마치 돼지국밥과 돈코츠라멘처럼 닮은 만큼 다른 부분도 많다. 음식이 사람을 만든다고 한다. 어쩌면 한국인과 일본인의 차이는 서로 다른 식문화에서 온 것인지도 모른다는 생각을 하게 되었다.

일본에서는 대를 이어서 백 년 넘게 이어가는 맛집을 어렵지 않게 찾을 수 있다. 일본과 달리 한국에서는 전통이 급격히 사라지고 있다. 오래된 빵집이 대형 프랜차이즈에 밀려 문을 닫아 사람들의 마음을 아프게 한다. 음식점이나 커피집까지 프랜차이즈화되며, 개성은 사라지고 맛이 획일화된다. 전국 어디를 가도 똑같은 간판에 똑같은 맛이라면 세상 사는 재미가 줄어든다.

일본은 우리에게 타산지석의 교훈을 준다. 일본에도 1980년대에는 대기업 계열의 빵집이 많았지만 사람들이 점점 그 똑같은 맛에 질려서 동네빵집을 찾는다고 한다. 현명한 소비자가 생산자를 바꾼 것이다.

이 책은 일본 규슈의 음식과 오래된 맛집에 주목했다. 규슈는 일본에서도 향토 요리가 다양하고 맛있기로 유명한 곳이다. 규슈만큼 가까우면서 배우기 좋은 곳도 드물다.

오랜 세월 어찌 풍파가 없을 수가 있으랴. 규슈의 백년명가를 순례하며 벽장 속에 꼭꼭 숨겨놓은 이야기를 들었다. 규슈에서 백 년 넘게 이어온 비전의 노하우는 우리나라 자영업자에게 금과옥조의 교훈이 된다. 우리의 소중한 향토 음식을 앞으로 어떻게 가꾸어나갈 것인가에 대한 실마리도 얻을 수 있다. 또한 이 책에 나온 백년명가를 순례하면 정말 맛있는 규슈 여행을 할 수 있다. '백 년'은 상징적인 표현이다. 꼭 소개하고 싶은 이유가 있는 경우에는 백 년이라는 숫자에 구애받지 않았다.

규슈의 백년명가를 취재하면서 일본과 한국의 음식은 서로 영향을 주고받으며 발전해왔다는 사실을 깨닫게 되었다. 사람들은 음식을 주고받으며 서로 마음도 주고받는다. 규슈의 백년명가를 찾아가는 이 책이 한·일관계가 성숙하는 데 도움이 되었으면 좋겠다는 과분한 바람을 가져본다. 한국을 정말 좋아해서, 자신이 죽기 전에 한국 사람이 더 많이 왔으면 좋겠다고 말씀하셨던 일본 노신사의 얼굴이 보름달처럼 떠오른다.

2013년 11월
박종호·김종열

:: 차례 ::

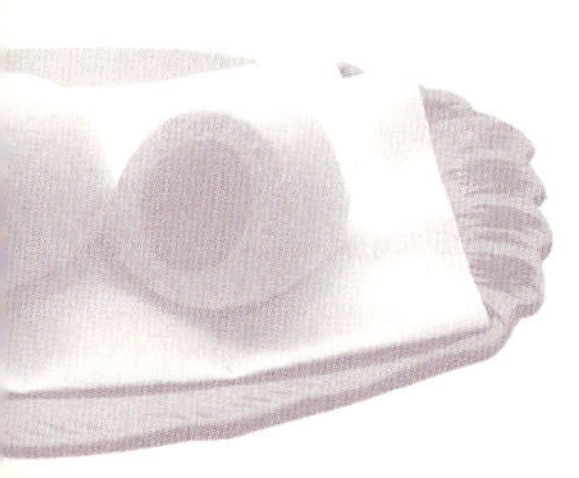

식(食)의 규슈

규슈는 일본 열도 4대 섬 중 가장 남쪽에 위치한 세 번째로 큰 섬이다. 규슈는 후쿠오카(福岡), 사가(佐賀), 나가사키(長崎), 오이타(大分), 구마모토(熊本), 미야자키(宮崎), 가고시마(鹿兒島) 현(縣)으로 이루어진다. 분명 7개 현인데 왜 아홉 구(九) 자를 써서 규슈(九州)라고 부르는 것일까. 규슈는 원래 지쿠젠노구니(筑前國), 지쿠고노구니(筑後國) 등 서해도(西海道) 9개 국(國)을 총칭하는 말이었다. 1871년 '폐번치현(廢藩置縣)' 조치에 따라 행정 구역이 지금과 같은 7개 현(縣)으로 확정됐지만 지명은 그대로 규슈로 부른다. 규슈의 면적은 42,180km^{2}로 일본 전체의 11.2%, 남한의 42%에 달한다. 인구는 2011년 10월 현재 1,459만 명으로 일본 전국의 11%에 해당한다. 규슈는 면적, 인구, 역내 총생산(GRP) 등 각종 경제지표가 일본 전체의 10% 내외를 차지해 보통 '1할 경제'로 불린다. '1할 경제' 규슈가 일본 전국의 20%나 차지하는 분야가 있으니 바로 농업이다. 규슈는 일본의 대표적인 식량 공급기지이다.

규슈가 처음인데도 왠지 낯설지 않게 여겨진다는 이야기를 하는 한국 사람들이 많다. 어쩌면 한반도와 규슈의 오랜 인연 때문인지도 모르겠다. 규슈는 일본에서 처음으로 벼농사를 지었다. 후쿠오카 시하카다 구에는 일본 최초의 벼농사 흔적인 이다츠케다바다 유적(福岡 板付 田端 遺蹟)이 있다. 지금으로부터 2천 300년 전 한반도에 살았던 사람들이 규슈로 벼농사 기술을 전했다. 이처럼 규슈에는 수천 년 전부터 한반도에서 건너온 사람들이 많이 살았다. 이후에도 한반도는 임진왜란 때 한 차례, 일제강점기 시절에 또 한 차례 규슈로 대거 이주해 영향을 미쳤다. 덕분에 규슈는 일본에서 가장 한국과 가까운 기질과 문화를 지니게 되었다. 규슈의 사가 현에는 술자리에서 술잔을 돌리는 문화가 있다. 잔이나 식기를 같이 먹는 일은 일본인에게 굉장히 받아들이기 어려운 문화인데도 말이다.

규슈에서 가장 큰 도시인 후쿠오카 시에는 지금도 '하카타(博多)'라는 지명이 널리 사용된다. 후쿠오카는 원래 하카타와 후쿠오카로 나누어져 있었다. 메이지 시대에 이 둘을 합쳐서 후쿠오카 시로 정했다. 하카타(博多)는 박래품(한반도나 중국에서 건너온 물건)이 많다는 의미이다. 대륙에서 건너온 선진문물이 많았던 곳이 하카타, 지금의 후쿠오카이다.

규슈는 일본의 근대화 당시에는 개항의 선봉 역할을 했다. 그래서 규슈 사람들의 기질 또한 개방적이고 낙천적이다. 식문화에서도 외국의 음식을 가장 먼저 받아들여 변형이 이루어진 곳이다.

규슈는 최근 지역 경제를 살리는 새로운 키워드로 '식(食)'을 꼽고 여기다 힘을 쏟고 있다. 규슈 지자체들은 경쟁적으로 식(食)에 관한 조례를 제정 중이다. 구마모토 현 다라기 마치(町)의 '지역산 고구마 소주로 건배를 추진하는 조례', 가고시마 현 이치키쿠시키노 시의 '본격소주(本格燒酎)로 건배하는 조례', 사가 현 가시마 시의 '니혼슈

(日本酒)로 건배하는 조례' 등 지역산 술을 애용하는 문화를 만드는 조례도 제정되고 있다. 이 같은 움직임은 사케의 소비량이 감소하는 상황을 개선하고 지역 주조업체를 살리기 위한 고민의 결과물이다. 또한 규슈에서는 저렴한 향토 먹거리를 의미하는 'B급 구루메'의 대표를 선발하는 행사인 '규슈 B-1 그랑프리'가 2006년부터 열리고 있다. 먹거리와 술이 넘쳐나는 규슈는 부산과는 불과 210km, 서울과는 540km 떨어져 있다.

일본의 음식

일본이 만든 세계적인 음식으로는 스시와 라멘이 꼽힌다. 그런데 이 둘 다 진짜 고향은 일본이 아니다. 스시는 동남아시아에서 민물고기를 보존하기 위해 만든 게 시초다. 이것이 중국에 전해지고 우리나라를 거쳐 다시 일본으로 건너갔다. 라멘은 청일전쟁 후 중국인이 일본에 이주하면서 중국의 납면(拉麵)을 전해 만들어졌다. 일본의 대표적인 면 음식인 우동 역시 일본이 아니라 중국에서 유래했다.

지금 와서 이들 음식의 원조가 일본이 아니라고 일본 음식을 무시하는 사람은 별로 없을 것이다. 일본 음식점은 세계 어디를 가더라도 쉽게 만날 수 있다. 세계적인 레스토랑 평가 잡지인 미슐랭 가이드도 일본에 대해서는 유독 후한 점수를 주고 있다.

일본에는 독창적인 음식이 없다기보다 일본은 외래음식이 전래될 때마다 거부감 없이 흡수하고 동화해나가는 능력이 탁월하다고 말해야겠다.

일본 음식이 일찍부터 지금처럼 발전한 것은 결코 아니다. 일본인은 7세기에 텐무 천황이 살생을 금지한 이래 1천 200년 동안 고기를 먹지 말도록 철저히 교육받아왔다. 대신 지방마다 어패류나 채소를 맛있게 조리하는 음식 가공법이 발달했다.

일본은 메이지 유신을 계기로 이전과는 식사 양상이 크게 바뀌게 된다. 1872년에 메이지 천황이 앞장서서 고기를 먹으며 육식이 문명개화의 상징인 시대를 맞는다. 이것은 육식을 허용해 일본인의 체격에 대한 열등감을 없애는 동시에 서구의 음식문화를 비롯해 발달한 문명을 받아들이려는 의지였다.

그 후, 이전에는 생각도 못했던 서양의 음식문화가 급속도로 침투하기 시작해 서양풍의 재료와 서양식 조리법이 도입되었다. 겨우 백 수십 년이 지난 오늘날 일본은 세계 어느 나라보다 다양한 음식문화를 즐기게 되었다. 일본의 프랑스 요리와 이탈리아 요리는 맛있기로 유명하다.

통상수교 거부정책 아래에서도 일찍부터 네덜란드와 교역해온 규슈의 나가사키에서는 다른 지역에 비해 서양 음식을 접할 기회가 많았다. 그래서 나가사키는 일본에 있어서 서양요리의 발상지로 불린다. 시간이 흐르자 서민들이 서양요리를 일본식으로 만들어낸 돈가스와 같은 일품 양식도 속속 탄생했다. 돈가스는 포크커틀릿을 가져와 덴푸라식으로 튀기고, 젓가락을 이용해 먹게 하고, 이름까지 '돈

(豚)+가쓰레스’라고 일본식으로 붙인 것이다.

오늘날 ‘빵 왕국’으로 불리는 일본이지만 일본인이 빵과 만난 것은 겨우 400년 전의 일이다. 일본에서 빵은 처음에는 휴대하기 편리한 군사 식량 용도로 개발되어 도자기 가마에서 구웠다. 빵은 밥과 달리 전쟁터에서 연기가 피어오를 염려가 없어 환영받았다. 하지만 밥에 집착하는 일본인은 단팥빵과 같은 독창적인 제품을 만들어 빵을 간식으로 먹었다. 일본인은 음식에서도 외국의 문화를 받아들여 일본에 맞게 바꾸는 데 재능이 있었다. 가히 ‘모방을 통한 재창조의 달인’이라고 부를 만한 일본의 음식 속으로 들어가보자.

맛

Part 1

일본 최고의 아침 식사
가와시마 두부점

2005년 7월 9일 니혼게이자이신문에는 일본에서 가장 맛있는 두붓집 순위가 1위부터 10위까지 실렸다. 단연 돋보이는 높은 점수로 1위에 오른 곳이 사가 현 가라쓰 시의 '가와시마 두부점(川島豆腐店)'이다. 이날 기사에는 '일본 제일의 아침밥'이라는 극찬까지 나온다. 두부는 거기서 거기라고 생각했는데, 일본 최고의 두부라니 솔직히 구미가 당긴다.

가라쓰의 '가와시마 두부점'으로 가는 길에 두부와 관련된 한·일 간의 역사적 사건과 현실이 떠오르며 기분이 묘해졌다. 임진왜란을 '도자기 전쟁'이라고도 부른다. 도자기 기술뿐만 아니라 두부 제조 기술도 임진왜란 직후 우리나라에서 일본으로 전해졌다. 가라쓰는 임진왜란의 전초기지이자 수많은 우리 도공이 붙잡혀 가 지금까지도 도자기로 유명한 지역이다. 가라쓰 도자기에 두부를 담아나오는, 수백 년 된 일본의 두붓집에 간다니 만감이 교차했다.

가와시마 두부점은 에도시대 간세이연간(寬政年間·1789~1801)부터 영주에게 두부를 만들어 바쳤다. 창업한 지 210년이 넘는 가와시마 두부점의 가와시마 요시마사 현 대표는 9대째.

점심시간이 조금 못 되어 가와시마 두부점에 도착했다. 아뿔싸!

두부 공장은 이날의 작업을 모두 끝내고 한창 청소를 하는 중이었다. 오전 2시부터 두부를 만들기 시작해 오전 8시면 끝나고 직원들은 퇴근한다. 만든 지 얼마 안 되는 따뜻한 두부를 맛보고 싶으면 오전 8시에 오라고 했다.

우리나라의 서점가까지 들었다 났다 하는 일본의 유명 작가 무라카미 하루키가 '작지만 확실한 행복'이라는 책에서 쓴 이야기가 떠올랐다. "파리의 주부들은 빵을 사다 놓지 않는다. 식사 때마다 그녀들은 빵 가게에 가서 빵을 사고, 남으면 버린다. 식사라는 것은 누가 뭐래도 그래야 한다고 나는 생각한다. 두부도 그와 마찬가지로 갓 사온 것을 먹어야 한다. 하룻밤 지난 두부를 어떻게 먹느냐는 것이 제대로 된 인간의 사고방식이다. 귀찮으니까 하룻밤 지난 것이라도 먹자는 주의가, 방부제라든가 응고제 같은 것을 주입하게 한 것이다." 일본에서 두부는 신선한 파리의 모닝 빵 같은 것이었다.

하지만 우리의 현실은 이와 너무나 동떨어져 있다. 두부는 2011년 중소기업 적합업종으로 지정되었지만 여전히 대기업의 영향력이 절대적이다. 2012년 상반기 판매액 기준 포장 두부 점유율은 풀무원, CJ제일제당, 대상FNF 등 3사가 80.9%를 차지했다. 이들 대기업이 만드는 공장 두부의 유통기한은 평균 10~15일. 두부를 물과 함께 담아 고온에서 살균한 덕분이다. 우리가 먹는 일반적인 두부는 하룻밤은커녕 이미 며칠 밤을 묵혀 나온 것이었다.

가와시마 두부점은 두부 공장 옆에 작은 레스토랑 '두부 요리 가와시마'를 두고, 두부 관련 다양한 요리를 선보이는 점이 이색적이었다. 레스토랑은 바 형태의 테이블을 갖추고 10석 정도로 아담했다. 두부 요리를 먹기 위해 레스토랑으로 출동!

가와시마의 명물
소쿠리두부

가와시마 두부점의 명물인 '소쿠리 두부'가 이미 자리를 잡고 손님을 기다리고 있었다. 소쿠리 두부는 우리나라의 연두부와 비슷해 보였다. 점심시간이 되자 요시마사 대표가 레스토랑에 나타났다. 피부도 좋고 활기차 보인다. 요시마사 대표는 "매일 두유와 두부를 먹은 덕분"이라며 너스레웃음을 지었다. 부친은 스무 살의 젊은 나이에 가게를 이어받은 그에게 "좋은 콩을 찾아라, 대충대충 일하지 말고 성실하게 일하라"고 당부했다. 그는 늘 더 맛있는 두부를 만들고 싶다는 생각을 하다 1989년 10월 소쿠리 두부 개발에 성공한다.

평범해 보이는 이 소쿠리에 어떤 비결이 담겼을까? 두부를 물속에 담아두면 콩의 풍미가 사라지기 쉽다. 하지만 요시마사 대표는 콩의 풍미가 그대로 살아 있는 두부를 만들고 싶었다. 소쿠리 두부는 항균 효과가 있는 대나무 소쿠리에 두부를 올렸다. 소쿠리 틈새를 통해 수분이 빠져나가 두부에서 콩 고유의 맛을 느낄 수 있다. 다양한 방법을 시도하다 발견했는데 실은 전통적으로 해왔던 방법이었다. 그는 "20년 전에는 아무도 소쿠리 두부를 안 먹었다. 하지만 지금은 우리를 따라 하는 가게가 3천 개가 넘는다. 특허를 가지고 있지만 신경 안 쓰고 내버려두고 있다"고 말한다. 소쿠리 두부는 백화점에도 납품하는 인기상품이다.

요리를 시키면 두부를 만들 때 나오는 비지와 두유부터 참깨 두부, 두부 튀김, 두부가 든 된장국, 두부 푸딩까지 두부 가족이 총출동한다. 소쿠리 두부는 먹고 싶은 만큼 담아서 먹을 수 있다.

두부 맛이 다르다! 콩 냄새가 강하며 매끄럽고 감칠맛이 나는 게 꼭 치즈 같다. 치즈처럼 느껴지는 비결은 따로 있었다. 높은 온도의 두유에 간수를 치면 쉽게 두부가 되지만 단단해져버린다. 두유가 응

참깨 두부, 두부 튀김, 된장국, 두부 푸딩까지 두부 가족이 총출동했다.

고하는 최소한 온도인 62~65도에서 간수를 치면 이렇게 치즈같이 된단다. 이 치즈 같은 두부는 와인이나 사케의 안주로도 잘 어울린다. 확실히 요시마사 대표는 미식가이자 애주가였다. 자기가 만든 두부가 어떤 와인과 잘 어울린다고 표현하면 남들과 다른 아주 멋진 글이 될 것이라고 조언해주었다.

가와시마 두부점 두부요리에 대한 한국인의 평가는 엇갈린다. 확실히 한·일 간 식문화의 차이도 있는 것 같다. 우리는 두부를 주로 다른 요리의 재료로 사용하는 반면에 일본에서는 두부 자체의 맛을 즐긴다. 어느 쪽 두부가 맛있을까? 두부 맛에 자신이 없으면 두부 자체를 즐기라고 내놓고 싶어도 못 한다.

요시마사 씨는 "한국의 유명 호텔에서 찾아와 두부 만드는 비법을 가르쳐달라고 해서 가르쳐주었다"고 말하며 또 웃는다. 영업 비밀을 그렇게 쉽게 공개하다니? 요시마사 씨가 가르쳐준 건 누구나 다 아는 두부 만드는 법이었다. 멀리서 찾아온 사람이 많이 무안했겠다.

두부 맛은 콩에서 결정된다. 가와시마 두부점은 아소(阿蘇) 등지의 농가와 계약을 맺어 최상급 대두를 재배한 수고에 걸맞은 높은 가격으로 사들인다. 아소처럼 기온 차가 심한 지역의 콩은 추울 때는 오므라들고, 더울 때는 부풀면서 양분을 축적해 맛이 좋다.

"요리는 재료만 좋다면 간단하게 만들 수 있다. 좋은 요리는 소금만 찍어도 맛있다"는 게 그의 지론이다.

요시마사 씨의 장남 요시후미 씨는 공장 운영을 맡았다. 또 일식 요리를 전공한 차남 요시히로 씨는 두부와 제철 재료를 이용한 가이세키 요리를 저녁 시간에 이 레스토랑에서 선보이고 있다. 요시마사 씨는 두 아들에게 애정으로 두부를 만들어달라고 당부한다. 두부를 사랑한 남자들, 이렇게 9대에서 10대로 대가 이어진다.

두부 공장(왼쪽)과 두부 레스토랑(오른쪽)

우리나라의 두부 제조업체 수는 약 1천 300여 개. 전국 브랜드가 없는 일본은 1만 4천여 개로 10배 이상 많다. 이 차이는 무엇을 의미하는 것일까?

'백 년 명가'는 대를 이으려는 부단한 노력이 없이는 안 된다. 게다가 대기업이 중소기업 분야를 침해하지 않아야 하고, 진가를 알아주는 소비자가 있어야 가능한 일이 아닐까. 어린 시절에 할머니가 맷돌에 간 콩으로 가마솥에서 만들어준 두부 맛을 아직도 잊을 수가 없다는 사람들이 있다. 그때 두부와 요즘 우리가 먹는 두부는 결코 같은 두부라 할 수 없다.

두부요리 1천 575~2천 625엔. 오전 8시~오후 6시 30분 영업. 일요일 휴무. 예약 필수. 사가 현 가라쓰 시 쿄오마치 1775(佐賀県唐津市京町1775). 0955-72-2423.

당신에게 맞춘 식단
슈스이엔

'이 세상의 맛있는 음식 수는 이 세상 모든 어머니의 수와 같다.' 음식을 소재로 한 허영만의 만화 '식객'에서 빌려온 말이다. '맛있는 음식'이란 말에는 '내 입맛에'라는 전제가 생략되었다. '맛있는 음식'의 기준이란 개인의 삶 속에서 각각 형성된 자신이 선호하는 미각(味覺)에 얼마나 닮아 있는 맛이냐, 라는 것인지도 모른다. 그런데, 요식업을 하는 사람의 입장은 조금 다르다. 내 입맛이 아니라 손님의 입맛에 맞는 음식을 내놓아야 한다. 내 입맛에 맞으면 남의 입맛에도 맞다? 꼭 그렇지만은 않다. 내 어머니의 음식은 내 입맛에 맞고, 남의 어머니 음식은 남의 입맛에 맞다.

일본의 남단 규슈, 그리고 규슈의 최남단인 가고시마 현 이부스키 시의 료칸(일본식 여관) '슈스이엔(秀水園)'은 내 입맛에 맛있는 음식이 아니라 당신의 입맛에 맛있는 음식을 만드는 데 집착한다.

"음식을 만드는 데 가장 중요한 것은 손님에 대한 정보라고 생각합니다. 백 사람이면 백 가지 취향이 있기 마련입니다. 가능한 한 그 취향에 맞춰 음식을 만들자는 것이 선대 때부터 내려온 저희 료칸의 신조입니다." 2대째 슈스이엔을 운영하는 유츠도 아타카 씨의 말이다.

개인적인 알레르기를 미리 살피는 것은 기본이다. 구운 양파는 괜찮은데, 생 양파는 안 된다든지…, 수도 없이 많다. 슈스이엔은 손님의 출신까지 고려한다. 도호쿠(일본의 동북 지역) 사람이라면 음식의 기본이 되는 간장이 '가라구치(辛口·짠맛 매운맛 등이 강하고 독한 맛의 통칭)'가 아니면 안 된다. 반면 규슈 사람들에게는 '아마구치(甘口·단맛, 혹은 짠맛 매운맛이 약한 맛의 통칭)'의 간장을 낸다. 출신지를 고려해 거기에 맞는 맛을 제공하는 것이다.

그뿐 아니다. 심지어 여행자(슈스이엔은 식당이 아니라 료칸이다)의 하루 전 여행지가 어디인지까지 살핀다. "만약에 손님이 어제 묵었던 곳이 구마모토였다면 구마모토의 명물 요리를 내었을 가능성이 큽니다. 그렇다면 그와 비슷한 요리는 내지 않으려고 합니다."

이런 연유로 같은 날 슈스이엔에 묵는 손님이라도 그날 밤 나오는 음식은 제각각 미묘하게 맛이 달라진다.

유츠도 씨의 일은 어쩌면 국가정보원의 스파이(?)를 닮았다. 예약 전화가 오면 될 수 있는 한 귀찮게 생각하지 않도록 조심하며 손님의 정보를 캔다. 손님을 마중하러 나간 역에서도, 손님의 상태를 살피느라 분주하다. 설사하거나, 피곤해하는 돌발상황은 입맛을 변하게 할 수도 있기 때문이다.

필자가 찾은 날은 우선 키비나고(샛줄멸·청어과의 바닷물고기) 회와 우유를 넣어 만든 두부, 게를 섞어 만든 젤리가 전채로 나왔다. 이후 가고시마 현의 특산물인 흑돼지로 만든 찜 요리와 살짝 구운 옥돔 타다키가 이어졌다. 아카미소시루(나고야 지방에서 주로 먹는 빨간 된장으로 만든 국)와 밥이 나온 후 사과 젤리 디저트로 코스가 마무리됐다.

키비나고의 신선함과 우유 두부의 부드러움은 잠자던 입맛을 깨운다. 옥돔의 요리 방법으로 타다키를 선택한 점은 탁월했다. 타다키란 고기나 생선을 센 불에 겉만 살짝 구워 모양을 틀어지게 하지 않으면서도 즙이 빠지는 것을 막는 일본의 요리법이다. 옥돔 회가 아니어서 맛이 오히려 더 풍부한 느낌이다. 전반적으로 단맛을 줄였다는 것이 료칸 측의 설명이다. 가고시마 지역 음식은 좀 단 편이데, 한국인이라는 점을 고려한 듯하다. 아카미소시루를 선택한 것도 같은 이유에서다.

슈스이엔 초대 대표인 유츠도 다모츠(왼쪽) 씨와 2대째를 이은 아들 아타카 씨

슈스이엔은 1962년 현재 대표의 아버지 유츠도 다모츠 씨가 문을 열어 올해로 51주년이 되었다. 유츠도 가(家)는 대대로 '이모소츄(감자로 만든 일본 전통 소주)'를 만드는 양조장을 경영했다. 소주 판매량

이 줄면서 놀리던 대지에 다른 사업을 벌이려고 생각하던 중 여관업이 떠올랐다고 한다. 이부스키는 '스나무시(砂むし)'라는 독특한 온천이 있어 일본 전역에서 관광객이 찾아드는 곳이기 때문이다. '스나무시'란 바닷가 지면 아래로 흐르는 온천수로 뜨거워진 해변의 모래를 이용한 일종의 모래찜질이다.

주변 사람은 여관업 경험이 전혀 없는 유츠도 씨를 말렸다. 한 지인은 "굳이 료칸을 하려거든 다른 료칸과는 구별되는 특징을 만들어라"라고 했다. 그래서 택한 것이 음식이었다.

유츠도 씨는 본인이 직접 음식을 만들려고는 생각하지 않았다. 평생 술만 만든 자신이 잘할 수 있는 일과 그렇지 못한 일을 명백히 구분할 줄 알았기 때문이다. 대신 오랜 단골 일본음식점의 주인을 통해 우수한 요리사를 소개받았다.

선대의 뜻을 이어받은 2대 역시 주방의 일은 주방장에게 일체 일임한다. 아들 유츠도 씨가 관여하는 것이라고는 앞서 말한 손님의 정보를 가능한 한 많이 모아 주방에 알려주는 정도다. 물론 이 작업이 굉장히 중요한 것임은 이미 앞에서 설명했다. 슈스이엔 개업 이래 주방장이 세 번 바뀌었다. 세 번 모두 슈스이엔의 주인이 아니라 전대의 주방장이 후대의 주방장을 선택했다.

사람마다 입맛이 다르듯이, 사람마다 잘하는 것이 다르다. 유츠도 씨의 일관된 가치관을 알 수 있는 부분이다.

그 덕분에 슈스이엔은 일본 전역에서 점점 '음식이 뛰어난 료칸'으로 이름을 알리기 시작했다. 특히 슈스이엔의 주방은 어떤 재료가 어느 시기에 가장 맛있는지를 잘 알고 있다. 아무리 문어가 먹고 싶다고 해도 슈스이엔에서 겨울에는 문어를 내지 않는다. 여름철의 물오른 맛을 제대로 살릴 수 없기 때문이다. 이 점은 가이세키 요리를 즐기는 가장 흥미로운 방법이기도 하다. 가이세키 요리의 정수가 바로 계절감이기 때문이다.

슈스이엔의 전경.
고풍스러운 입구와 뒷쪽으로 보이는 현대식 건물이
묘한 조화를 이루고 있다.

낭중지추라고 했다. 일본 최남단에 있는 이 료칸의 맛은 어느새 전국으로 물 스며들듯이 퍼져, 마침내 일본 유명 여행잡지사의 귀에도 그 소문이 들어갔다. 2012년에는 '프로가 선택한 일본의 호텔·여관 100선'(2012년 판)에서 요리 부문 1위를 차지했다. 종합 부문에서도 8위에 올랐다. '계절의 산해진미가 다채롭고 풍부하게 제공되는 가이세키 요리를 맛보기 위해 전국에서 슈스이엔을 찾아온다. 이곳에서는 이부스키의 사계절 맛을 제대로 만끽할 수 있다.' 잡지에 나오는 소개 문구, 그대로다. 그것을 가능케 한 것은 바로 선대와 2대를 이어 변하지 않고 내려오는 가치관 덕분이다.

1박 2식 1인 1만 7천 엔부터. 가고시마 현 이부스키 시 요노하마 5쵸메 27-27(鹿児島県指宿市湯の浜5丁目 27-27). 0993-23-4141.

호두과자에서 배웠다
오하라 시니세

소년은 로봇 만화영화에 열광했다. 그중에서도 마징가 제트 앓이는 매우 심했다. 헬 박사의 괴수 로봇에 맞서 지구를 지키는 마징가 제트는 소년의 마음을 사로잡았다. 조종사 쇠돌이는 우상이었다. 여자친구 애리와 함께 있는 장면에서는 질투심마저 일었다. '왜 우리 아버지는 로봇을 만드는 박사가 아닐까'라는 애꿎은 원망까지 했다. 소년의 마음을 알 리 없는 어른들은 "열심히 공부해서 훌륭한 판검사가 돼야 한다"는 말만 되풀이했다. 소년에게 훌륭한 사람이란, 판검사가 아니라 쇠돌이와 같은 로봇 조종사였다.

고등학생이 될 무렵, 소년은 쇠돌이의 본명이 '가부토 고지'라는 사실을 알게 된다. 쇠돌이가 일본인이었다는 사실은 충격이었다. 그뿐이 아니었다. 태권브이가 마징가 제트를 본떠 만든 것이며, 심지어 최초의 한국형 변신 로봇 스페이스 간담 브이는 일본의 마크로스를 그대로 베껴 왔다는데….

그렇게 세월이 흘렀다. 추억의 붕어빵 역시 일본의 '다이야키(タイ 焼き)'가 넘어온 것이라는 사실을 알게 되었을 때 더는 놀라지 않았다. 소년은 그렇게 어른이 되었다. 그리고 일본 규슈 사가(佐賀) 현 가라츠(唐津) 시에서 우리나라의 호두과자와 닮은 먹거리 '쇼로만쥬(松

露饅頭)'를 발견한다. 호두과자마저 일본에서 건너온 것인가? 잠시 쓴웃음을 짓고 있던 소년(더는 소년이 아니지만)에게 '오하라 시니세(大原老舖)'의 6대째 사장 오하라 준이치 씨는 "한국의 호두과자가 일본에 건너와 정착된 것입니다"라고 설명했다.

가라츠 시는 도요토미 히데요시가 임진왜란을 일으킬 당시 조선 출병의 전초기지였다. 그렇다 보니 가라츠는 왜란 직후 일본에서 조선의 영향을 가장 많이 받은 지역이 되었다. 임진왜란이 끝나고 조선으로부터 가라츠에 전해진 많은 문물 중에 가장 유명한 것이 조선의 도자기다. 이때 야키만쥬(焼き饅頭)도 함께 전해졌다고 한다.

'만쥬'는 우리말 '만두'로 풀어쓰면 얼추 맞다. 그러나 일본에서 '만쥬'의 의미는 우리의 '만두'보다 좀 더 함축적이다. 보통 '소'와 '피'로 만들어진 것을 총칭해 '만쥬'라고 한다. '소'와 '피'는 '만두소'와 '만두피'라고 하면 이해가 쉽다. 일본의 사전에 따르면 '만쥬'란 '밀가루 따위의 가루를 반죽해 만든 피로 소를 싸서 찌거나 구워 만든 과자'다. 그리고 야키만쥬는 우리나라의 호두과자와 비슷한 음식이었다고 한다.

당시 야키만쥬는 만들기가 쉽지 않았다. 야키만쥬의 소로 사용되었던 팥소는 흔한 식재료가 아니었다. 오늘날처럼 제대로 된 화력이 없던 상황을 고려할 때 구워내는 것 또한 쉽지 않았다. 주로 사용되던 목탄은 다루기가 힘들어 만쥬가 눌어붙거나 타버리기 일쑤였다.

야키만쥬가 일본에 전해진 지 200여 년이 지난 1850년, '오하라 시니세'라는 가게가 생겨나 본격적으로 야키만쥬를 팔기 시작한다. 오하라 가(家)는 원래 해산물 장사를 하던 집안이었다. 벌이가 신통치 않자 당시 주인이던 쇼베이는 전업을 고민하다, 마침 아내의 야키만쥬 솜씨가 남다른 점을 떠올린다. 새로 가게를 연 쇼베이는 야키만쥬를 쇼로만쥬라고 이름 붙인다. '쇼로(松露)'는 소나무 아래에서 자라는 버섯의 일종으로, 그 모양이 만쥬와 닮아서 붙여진 이름이다.

여기서 잠시 우리나라로 돌아와 보자. 호두과자의 기원을 살펴보면 뭔가 아귀가 맞지 않다. 여러 문헌에 따르면 우리나라 호두과자의 기원은 1934년에 머무른다. 당시 천안에 살던 조귀금 씨가 일본인이 만드는 서양의 제빵 기술을 눈여겨본 뒤, 우리 식으로 만든 것이 바로 호두과자라고 했다. 호두과자가 1930년대에 일본의 과자를 보고 만든 것이라면, 쇼로만쥬의 원형이 되었다는 조선 시대의 그 동그랗고 속에 팥소가 들어간 음식은 뭐란 말인가?

어쩌면 원형은 사라져버렸을 수도 있다. 대신 일본에 건너간 것이 쇼로만쥬의 형태로 발전했고, 그것이 다시 한국으로 들어와 호두과자가 되었을지도…. 그게 아니라면 원형은 원형대로 지켜져 오다 우리나라에서는 호두과자의 형태로, 일본에서는 쇼로만쥬의 형태로 각각 발전한 것일까? 생각이 꼬리에 꼬리를 문다.

일단 먹고 보자. 딱 호두과자 크기다. 한입에 집어넣으면 정말 '딱'이겠지만 왠지 아깝다는 생각에 베어 먹는다. 호두과자보다 팥소가 많다. 반면 겉을 둘러싼 카스텔라의 피가 생각보다 얇다. 다른 하나는 일부러 반을 갈라봤다. 피는 거의 1mm 정도 두께밖에 되지 않는다. 둥근 팥소의 공 모양 바깥으로 얇게 카스텔라 피를 입혀놓은 느낌. 그런데 이 얇은 피가 아주 쫄깃쫄깃하다. 처음에는 껌을 씹는 줄 알았다. 기분 좋게 차진 식감 뒤로 무작위로, 무저항적으로 밀려오는

팥소의 단맛. 쫄깃쫄깃한 피에 비해 팥소는 정말 부드럽다. 밀가루 정도의 고운 분말을 뭉쳐놓은 것 같다. 입에 걸리는 것 없이 녹아들어 간다.

우리나라에서 파는 웬만한 호두과자는 상대도 안 되겠다는 생각에 잠시 부끄러워질 정도다. 먹다 말고 오하라 사장에게 물어봤다. "한국의 호두과자를 먹어본 적이 있나요?" "예. 한 5년 전인가, 한국 여행 중 고속도로 휴게소에서 먹어본 적이 있어요." "쇼로만쥬와 비교하자면 어떤가요?" "만드는 방법이 기계화되어 예전의 맛을 잘 살리지 못한 느낌이랄까요? 물론 옛날의 맛이라는 것을 경험해본 적은 없지만요." 말하기 껄끄러운지 어색한 웃음으로 대답을 마무리한다.

결국 생각보다 그 맛이 못했다는 말이고, 그 이유가 기계화된 방법 때문이라는 뜻이다. "그렇다면 이곳 쇼로만쥬는 그 옛날의 방법을 그대로 고집한다는 말인가요?" "네." 이번에는 조금 전의 말본새와는 전혀 다르게, 딱 잘라 말한다. "변한 것은 단지 틀뿐입니다."

불은 앞서 말한 목탄에서 가스 불로 바뀌었다. 동판으로 만들어진 틀은 실제로 그다지 바뀌지 않았다. 가로세로 4열씩이던 것이 가로 열이 5열로 바뀐 것뿐이다. 한 틀에서 16개 만들어지던 것이 20개로 늘었다. 하나하나의 크기에는 변함이 없다.

카스텔라 피를 만드는 데 인공감미료나 방부제는 전혀 들어가지 않는다. 심지어 물도 사용하지 않는다. 오로지 설탕과 달걀, 밀가루만으로 반죽한다. 달걀의 수분이 물을 대신한다. 팥소도 물을 사용하지 않기는 마찬가지다. 팥소는 건더기가 하나도 없을 정도로 고운 분말로 만들어 달면서 부드럽다. 피와 소, 둘 다 물을 넣지 않기에 더욱 진하고 깊은 맛을 낸다.

이 눈깔사탕만 한 크기의 먹거리에 쏟는 정성이 상상 이상이다. "'쇼로만쥬는 싸구려 막과자가 아니다.' 어렸을 때 아버지에게 늘 들어오던 말입니다. 아버지 역시 선조로부터 같은 이야기를 들었다고 하더군요." 오하라 사장의 눈빛이 갑자기 광선을 쏠 준비라도 하듯 불타오른다. "고급 레스토랑에서 최고급 요리를 만드는 마음가짐으로 과자를 만들라는 뜻이지요. 그래서 가능한 한 최고의 재료를 사용해 최고급으로 만들려고 노력하고 있습니다." 그런 노력의 결과, '오하라 시니세'는 이 작은 먹거리 하나로 현재 후쿠오카 현과 사가 현에 10곳이 넘는 점포를 가진 중견 기업이 되었다.

맞다. 음식 맛의 9할이 손맛이라고 했다. 원조가 일본이면 어떻고, 그 뿌리가 한국이면 또 어떨까. 지금 입에 들어가는 그 음식이 맛있으면 그만이다. 정성을 다해 만든다면 그 맛은 어디서나 통하는 법이다. 그거면 충분하다. 음식의 기원에 매달려 정작 중요한 것을 놓칠 뻔했다.

한국인이 즐겨 먹는 라면이 일본의 라멘(ラーメン)에서 왔다는 것은 누구나 아는 사실이다. 일본의 라멘이 어디 오롯이 일본만의 것일까? 그 또한 중국 면 요리의 영향에서 벗어날 수 없다. 쇼로만쥬가 한국의 어떤 음식의 영향을 받았다고 하더라도, 그 원형의 음식 또한 하늘에서 툭 하고 떨어져 내려온 것은 아니다. 분명 또 다른 어떤 것에서 영향을 받았다. 그것을 자기 것으로 만드는 것은 별개의 문제다.

처음에는 타국에서 만난 음식이 한국에서 비롯된 것이라는 사실이 기뻤다. 잠시 후 그것이 한국보다 청출어람한 듯해 약간 샘이 났다. 그러고 보면 늘 '세계인'이라고 외치고 다니면서도, 역시 어쩔 수 없는 '한국인'이다.

　지금은 그저 그 맛이 머릿속에서 맴돌 뿐이다. 역시 맛있는 음식을 만나면 반갑다. 그것이 한식이든, 일식이든, 중식이든, 상관없다.

　문득 '격(格)'이라는 단어가 떠올랐다. 어느 인기 드라마의 제목처럼 신사에게도 품격이 있고, 나라에도 국격이 있다. 그 격은 스스로 만든다. 고속도로 한 모퉁이에서 팔아도 그만인 일본의 호두과자를 전국적인 명물로 만든 가장 큰 비결은 무엇일까? 오하라 시니세 스스로 그 격을 높였기 때문이다.

　격을 높여 그 격에 맞게끔 좋은 재료와 정성을 다해 음식을 만들면, 주변의 평가 또한 그 격을 따라오기 마련이다. 그것이 이 작은 먹거리 하나로 160년이 넘게 가게를 유지해온 비결일 것이다.

규슈만의 장어구이 법
모토요시아

　　우나기는 장어다. 아나고는? 당연히 장어다. 하모? 이것도 장어다. 그런데 곰장어는 장어가 아니라는 말씀. 뭐가 이렇게 복잡할까? 우나기는 뱀장어, 아나고는 붕장어, 하모는 갯장어를 말한다. 생태학적으로 뱀장어·붕장어·갯장어는 모두 뱀장어목에 속하는 경골어류다. 그러나 흔히 '곰장어'라 부르는 먹장어는 턱뼈가 없어 무악류로 분류된다. 척추동물 중 열등한 무리로, 어류가 아니라는 이야기다. 무슨 친인척 관계가 이다지도 복잡다단한지…. 게다가 한 녀석은 같은 혈통도 아니라니, 문득 막장 드라마의 한 장면이 생각났다.

　　일본에서는 장어구이라고 하면 보통 우나기, 즉 뱀장어구이를 말한다. 이번 장(章)은 우나기 이야기다. 우나기를 군이 '뱀장어'라 고쳐 쓰지 않고, 편의상 '장어'라 쓰기로 한다.

　　일본 규슈 사람들에게 규슈에서 장어가 가장 유명한 곳을 꼽으라면 백이면 백 "야나가와(柳川)!"라고 외친다. 야나가와의 장어는 전국적으로도 유명하다. 그 이유는 야나가와의 지리적 특징에서 비롯된다.

　　야나가와는 규슈 후쿠오카 현의 남쪽에 있는 작은 도시다. 규슈 최대 하천인 치쿠고(築後) 강이 남으로 흘러 아리아케(有明) 해역에서 만나는 곳이기도 하다. 간만의 차가 크고 염분이 많기로 유명한 아리아케 해는 강과 바다가 만나는 곳에 기수역(汽水域)을 발달시켰다. 이 기수역에서 잡히는 장어 맛이 기막히다. 일본에서는 예로부터 기수역에서 잡힌 장어를 '아오(靑)우나기'라 부르며, 장어 중 최상으로 쳤다. 산란 직전의 장어는 맛과 영양 면에서 가장 물이 오르는데, 녀석들 대부분이 기수역에 서식한다. 기수역에서 잡힌 생선은 민물 생선 특유의 냄새가 없으니 맛있을 수밖에 없다. 야나가와의 장어는 그렇게 명성을 얻었다.

그런데, 그런 것은 이제 다 옛날이야기가 되어버렸다. 자연산 장어가 더는 잡히지 않기 때문이다. 간혹 있어도 개미 눈곱만 한 양이기 때문에 식당에 공급하기란 무리다. 대부분 음식점에서는 양식 장어를 사용한다. 야나가와의 기수역도 더는 매력적이지 않다. 그런데도 야나가와의 장어가 옛 명성을 잃지 않고 있는 이유가 뭘까. 야나가와만의 특별한 요리법 '세이로무시(せいろ蒸し)' 덕분이다. 그리고 세이로무시를 처음으로 선보인 장어 전문점 '모토요시야(本吉屋)'도 그 명성에 한몫하고 있다.

모토요시야의 역사는 1681년으로 거슬러 올라간다. 놀랍다! 무려 1681년이다! 우리나라에서 1681년은 수년 후 장희빈에게 쫓겨날 인현왕후가 숙종의 계비가 되던 해다. 조선왕조가 장희빈 때문에 바람 잘 날 없이 시끄럽던 시절에도 바다 건너 모토요시야에서는 장어를 굽고 있었다.

모토요시야의 문을 여는 순간 장어 굽는 향이 진동한다. 일본에서는 예전부터 '장어는 냄새로 장사한다'는 말이 있다. 일부러 환기시설을 하지 않는 것도 하나의 영업 전략이라는 말까지 나올 정도. 허기를 느끼지 않던 손님이라도 가게를 들어서는 순간 군침부터 흘린다. 세이로무시를 주문하니 시간이 좀 걸린단다. 그만큼 손이 많이 가는 음식이다. 여기저기서 손님들의 표정에는 "아직도 멀었습니까"라는 불만이 가득하다. 그래도 주방은 느긋하다. 어차피 먹고 나면 불만은 눈 녹듯 사라질 거란 걸 잘 알기 때문이다. 그만큼 맛에 자신이 있다.

도대체 세이로무시가 뭐길래…. 그 정체에 대한 궁금증이 장어 굽는 연기만큼이나 모락모락 피어오른다. 모토요시야의 무려 9대째 대표인 모토요시 유키오 씨에게 설명을 부탁했다. 먹는 건 그다음 순서다.

장어 요리법은 크게 간토(關東) 지방과 간사이(關西) 지방의 것으로 나뉜다. 간토의 방법부터 보자. 우선 장어를 절반으로 갈라 내장 등을 덜어낸 후 간을 하지 않고 그대로 굽는다. 초벌구이 된 장어는 증기에 찐 후 소스를 발라 다시 굽는다. 이 모든 과정을 '가바야키(蒲燒き)'라고 한다. 간사이의 방법은 초벌구이 후 찌는 과정을 생략하고 바로 소스를 발라 굽는다. 일반적으로 간토의 방식은 찌는 과정을 거치기 때문에 부드럽지만, 장어 본래의 맛이 새어 나가기 쉽다. 간사이의 경우 맛은 좋지만 장어 살이 딱딱해지는 것을 어떻게 막느냐가 숙제다.

"둘의 장점을 살리고 단점을 보완한 것이 세이로무시예요. 장어를 초벌구이한 후 찌지 않고 소스를 발라 굽죠. 여기까지는 간사이식입니다. 그리고 다른 쪽에서는 장어에 바른 것과 같은 소스를 고두밥에 골고루 섞은 후, 되 크기만 한 사각형의 세이로(나무찜통)에 넣고 찝니다. 그렇게 찐 밥 위에 장어의 가바야키와 달걀 지단을 올리고

다시 한 번 찌면 세이로무시가 됩니다. 찌는 과정을 통해 장어는 부드러워지고, 또한 밥 위에 얹어 찌기 때문에 장어 본래의 맛이 새어 나가는 것이 아니라 밥 속으로 스며드는 거죠.”

한창 신이 난 모토요시 씨의 설명은 하룻밤을 새워도 끝나지 않을 기세다. 마침 세이로무시가 나와, 그 기세의 발목을 잡았다.

사각의 틀 속에 불그스레한 장어 다섯 조각이 옷을 벗고 길게 누웠다. 중간으로 노란 달걀 지단이 붉은 장어의 몸을 살짝 가린다. 그 두드러진 색이 식욕을 자극한다. 젓가락으로 장어 한 점을 집어든다. 혀보다 코가 빨랐다. 달짝지근함은 분명 미각일진데, 냄새만으로도 달짝지근함이 충분히 느껴진다. 입속으로 그 부드러운 것이 들어간다. 장어 살이 너무 부드러워 씹기도 전에 혀 위에서 녹겠다. 이번에는 젓가락으로 밥을 반 움큼 정도 덜어 먹는다. 밥 알, 한 알 한 알 사이로 장어의 맛이 제대로 스며들었다. 장어를 먹을 때와 식감만 다를 뿐 맛과 향은 같은 것이나 진배없다. 젓가락질 속도가 점점 빨라지더니 결국 염치불구하고 허겁지겁 먹는다. "천천히 드세요"라는 말이 안 들린다. 이거, 진짜 맛있다. 과연 밤새 자랑할 만하다.

그렇다면 야나가와의 다른 세이로무시와 비교한다면? 거의 다 비어버린 세이로무시를 젓가락으로 딸딸 긁으며 모토요시 씨에게 묻는다. "지금부터는 세이로무시가 아니라 '모토요시야의 세이로무시'에 대해 듣고 싶어요." "음…, 우선, 가장 큰 특징은 소스 아닐까요? 소스에 대해선 더 말씀드릴 수 없네요. 300년을 넘게 지켜온 우리 집만의 비전(秘傳)인지라, 흐흐."

소스 외에도 모토요시야가 고집하는 것은 의외로 많았다. 그중 하나가 숯이다. 장어를 구울 때 숯은 중요하다. 일본의 음식 만화 '맛의 달인'의 주인공 지로는 이렇게 말한다. "달아오른 숯불 위에 장어 기름이 떨어져 연기가 되고, 이 연기가 장어구이의 향기로 변하지. 이게 바로 숯불구이의 매력이야." 모토요시야는 비장탄과 떡갈나무탄을 함께 사용한다. 둘 중 하나만 사용해서는 좋은 불이 되지 않는단다. 특히 비장탄은 일본에서 '숯 중의 숯', '최고의 숯'으로 불린다.

그러나 가장 중요한 것은 역시 장어 그 자체다. 장어는 구우면 수축하는 성질을 갖고 있다. 이때 너무 많이 수축해 비틀어지듯 꼬여 말려버리면 좋은 장어가 아니다. 열 전달이 어려워 제대로 구워지지 않으며 살이 딱딱해진다. "문제는 구워보기 전에 그것을 판단해내기가 쉽지 않다는 겁니다." 이때 중요한 것이 거래처다. 모토요시야는 미야자키산과 가고시마산 양식 장어만 사용한다. 또한 일단 구워서 좋지 않은 장어는 손님에게 내지 않고 거래처에 그대로 반납한다. 최근 장어 가격이 턱없이 비싸졌다. 양식의 경우도 마찬가지다. 장어는 양식이라고 해도 치어를 잡아 키우는 방식이다. 그런데 잡히는 치어의 수가 급격히 줄고 있다. 질 좋은 장어 공급처의 확보는 레시피 이상으로 중요한 요소가 되었다.

마지막으로 모토요시야의 소스 이야기를 조금만 더 하자. 비전이라며 애초부터 말을 끊어버린 모토요시 씨에게 다시 물었다. "굳이 만드는 방법은 말씀하지 않으셔도 좋습니다. 다른 집 소스와 비교해 그 맛이 어떻게 다른지 정도만이라도 설명해주시면 안 될까요?" 그랬더니 대답이 "글쎄요, 잘 모르겠어요. 다른 집 것을 먹어본 적이 없어서…"라고 한다. '돼지불백집을 열려면 전국의 돼지불백집 백 군데 이상을 돌아다녀라'라는 말도 있다. 그런데 이 양반은 태연하게 "다른 집 맛은 모르겠다"고 한다.

"어차피 다른 집과 비교하는 식의 경쟁은 아니라고 생각해요. 에도시대 때부터 내려온 우리 가게만의 양념 맛을 변하지 않게 하는 것이 더 중요하니까." 처음엔 화제를 돌리려 일부러 하는 농 섞인 대답이라 생각했다. 그러나 다시 생각해보니 우문에 대한, 실로 정수를 찌르는 현답이 아닌가. 사람마다 기호가 다를진대 남의 집 맛과 비교하는 것 따위가 뭐 그리 큰 의미일까. 그것보다 내 맛이 조금이라도 옆길로 새지는 않았나, 내 발밑을 살피는 것이 더 중요하다. 무려 330년, 지키는 것만으로도 벅찬 세월이다.

　수년 전 모토요시야에 비상사태가 발생했다. 소스에 들어가는 간장 공급처가 문을 닫은 것이다. 한동안 같은 맛의 간장을 찾느라 고생을 한 모양이다. 대충 비슷한 걸 사용하면 되지 않을까. 보통 다들 그렇게 한다. 그러나 그 작은 차이를 눈감아버리면, 그것이 조금씩 쌓여 전혀 다른 맛이 된다. 그런 작은 차이조차 허락하지 않는 마음가짐이야말로 모토요시아 소스의 비결이자 비전일 것이다. 또한 모토요시야가 300년 이상 이어져온 비결이기도 하다.

세이로무시 3천 200엔. 영업시간 오전 10시 30분~오후 9시. 2, 4주 월요일 휴무. 후쿠오카 현 야나가와 시 아사히 마치 69(福岡県柳川市旭町69). 0944-72-6155.

한국 남자들, 몸에 좋은 거라면 사족을 못 쓴다. 오죽하면 광복절까지 초복 중복 말복에 이어 네 번째 복날이라고 부를까. 한여름에 떨어지는 기력을 음식으로 보충하고자 하는 식문화는 한국의 독특한 자랑거리이기도 하다. '의식동원(醫食同源)'이란 말도 있다. 평소에 먹는 음식과 질병 치료를 위해 복용하는 약의 근본이 같다. 한마디로 잘 먹어야 건강하게 살 수 있다는 말이다.

일본에도 우리 복날과 같은 특별한 날이 있다. 바로 '도요우노우시노히(土用の丑の日)'다. 도요우노우시노히는 절기로 계산하기 때문에 매년 날짜가 유동적이지만, 보통 7월 중순에서 8월 초 사이에 존재한다. 한국의 복날에 보신탕이나 삼계탕을 먹는다면, 일본의 도요우노우시노히에는 장어(뱀장어)를 먹는다. 비타민 A와 B, DHA, 단백질과 지방이 풍부한 장어는 일본에서도 스테미너 음식으로 유명하다.

도요우노우시노히의 유래에 대해서는 다음과 같은 설이 가장 유력하게 전해지고 있다. 에도 막부 말기의 일이다. 한 장어구이집이 더운 여름에 장사가 안 되자 머리를 써서 '오늘은 장어 먹는 날'이라고 가게 앞에 써 붙여 톡톡히 재미를 본다. 그러자 인근 가게들도 다음 해부터 이를 따라 하면서 '장어 먹는 날'이 일반화되었다는 것이다. 결국 옛사람들의 마케팅 전략으로 도요우노우시노히가 만들어진 셈이다.

도요노우시노히가 되면 일본 전역의 장어 전문 식당은 지친 기력을 보충하기 위한 사람들로 장사진을 이룬다. 규슈 후쿠오카 시내의 장어 전문점 '야나가와야'의 야스나가 부점장에 따르면 도요우노우시노히가 되면 평소보다 매출이 4~5배 이상 오른다고. 식당뿐만이 아니다. 편의점에서도 이날 하루 장어 도시락 판매대가 따로 마련된다. 일반 식당에서 파는 장어 요리와 비교하면 절반 정도의 가격에 살 수 있어 주머니 사정이 여의치 않은 학생들에게 인기다. 이처럼 도요우노우시노히에는 누구나 장어를 즐긴다. 평소에는 다소 값비싼 음식이라 먹기 힘든 만큼 이날을 기다리는 사람도 많다.

기왕 가격 이야기가 나왔으니 하는 말이지만, 장어 가격이 점점 비싸지고 있다. 후쿠오카 시내 장어 식당에서 판매하는 장어 덮밥의 가격이 매년 100~300엔씩 오르고 있는 실정. 장어 치어가 계속 줄고 있기 때문이다. 방송에서도 매년 도요우노우시노히를 앞두고 그해의 장어 가격에 대한 뉴스를 내보낸다. 마치 우리나라의 방송이 추석을 앞두고 제수(祭需) 물가 뉴스를 내보내는 것과 같다. 그만큼 일본에서 도요우노우시노히에 대한 관심이 높다는 방증이다.

술자리 마칠 때 꼭 먹는 우동
도가쿠시

한국 땅에 살 수밖에 없는 이유 중 하나가 바로 해장 문화다. 술을 마신 다음 날 따끈하고 얼큰한(우리는 그것을 아이러니하게도 '시원하다'고 부른다) 국물 없이는 하루를 버틸 수 없다. 말로는 애주(愛酒)를 지향하며 사실은 폭주(暴酒)하는 사람에게 해장은 몹시 중요하다.

솔깃한 이야기가 들려왔다. 일본 규슈의 남단 미야자키에 갔을 때였다. 미야자키의 애주가들이 술자리를 파하고 집에 가기 전 꼭 들르는, 속 풀기에 좋은 우동집이 있다는 것이다. 회가 동하지 않을 수 없다.

전 세계적으로 볼 때 해장 문화는 한국인의 생각만큼 그렇게 일반적이지 않다. 수년 전 함께 말술을 마시던 오스트레일리아 출신의 한 지인에게 물었다. "너희 나라에선 해장을 어떻게 하지?" 대답은 "해장이 뭐냐"였다. 그렇다. '해장'이라는 의미조차 이해하지 못했다. "술을 마신 다음 날 머리가 아프거나 속이 쓰릴 때 그것을 완화하기 위해 특정 음식을 먹는 행위"라고 설명한다. 그는 되묻는다. "머리가 아프고 속이 쓰리면 약을 먹어야지, 왜 음식을 먹느냐." 물어본 내가 잘못이다.

나라에 따라 숙취가 심할 때 먹는 음식이 있긴 하다. 그러나 우리처럼 해장 문화가 발달한 나라를 찾기란 쉽지 않다. 그나마 일본이 우리와 얼추 비슷하다. 그것은 음주 문화와도 관련이 있다. 일본엔 '노미니케이션'이란 단어가 있다. '마시다'라는 의미의 '노무(飮む)'와 '의사소통'을 뜻하는 '커뮤니케이션'의 일본식 조합이다. '술을 마셔야 대화가 술술 풀린다'는 의미다. 우리 정서와 닮았다.

일본에서 가장 보편적인 해장 음식은 쌀로 쑨 '오카유'라는 죽이다. 그리고 오차즈케(밥을 차에 말아놓은 것)도 해장에 애용된다. 심지어 우리처럼 해장술도 있다. '무카에자케(迎え酒)'라고 한다. 그리고 또 하나, '시메(締め)'라는 것이 있다. 시메의 본래 의미는 '이런저런 음식을 먹고 난 후 마지막으로 먹는 음식'을 뜻한다. 보통은 '2, 3차로 이어진 술자리를 마칠 때 속을 달래기 위해서 먹는 음식'이란 의미로 많이 쓰인다.

미야자키 현 미야자키 시의 중심부. 거리에 어둠이 내리면 여기저기에서 홍등이 밝혀지고 술잔 부딪치는 소리가 들려온다. 어둠이 깊어질수록 술맛도 깊어지고, 이야기도 깊어진다. 술이 떨어지면, 아직 떨어지지 않은 이야기가 아쉬워 다른 술집으로 옮겨간다. 그렇게 길어진 술자리는 시메로 우동을 먹으며 끝을 맺는다. 후쿠오카는 주로 라멘이지만, 미야자키는 우동이다. 내로라하는 미야자키의 술꾼들이 모이는 우동집이 '도가쿠시(戶隱)'다.

도가쿠시는 가마아게(釜揚げ) 우동 전문점이다. 가마아게 우동이란 솥에 삶은 우동 면을 그대로, 삶은 물과 함께 내는 방식을 말한다. 일반적으로 우동 면을 삶은 후에는 차가운 물에 헹군다. 그래야 면의 식감이 살아나고 쫄깃쫄깃해진다. 가마아게 우동은 그 과정을 생략한다.

"차가운 물에 면을 헹궈 내면 면 표면에 붙어 있는 면 본연의 맛이 함께 씻겨 내려갑니다. 식감도 중요하지만 면의 담백한 맛을 제대로 살리기 위해서는 면을 삶은 후 그대로 먹어야 더 좋습니다." 2대째 가게를 경영하고 있는 이노 류지 씨의 설명이다.

　　도가쿠시는 1967년 문을 열었다. 창업자는 류지 씨의 어머니 이노치에코 씨. 도가쿠시라는 이름은 나가노 현의 면 요리로 유명한 도시 이름에서 따왔다.

　　미야자키와 도가쿠시는 일본의 신화로 연결된다. 아마테라스라는 일본 고대 태양의 신이 화가 나 하늘의 바위 문을 닫고 두문불출하자 다른 신들이 그 문을 땅 아래로 던져버렸다. 바위 문은 두 조각이 나서, 각각 미야자키와 도가쿠시로 떨어졌다고 한다.

호랑이가 담배 피우던 시절 이야기는 어찌 됐든 우동 맛만 좋으면 그만이다. 일부러 술 한잔 걸치고 자정이 다 되어 찾아간다. 가마아게 우동을 주문한다. 면이 삶았던 물속에 찰랑거릴 정도로 잠겨 있다. 면을 찍어 먹는 양념 국물(쓰유)과 단무지 두 조각이 따라 나온다. 소박하다고 해야 할까.

면을 건져 양념 국물에 찍어 먹는다. 풍덩 담갔더니 음식을 내어준 점원의 눈이 휘둥그레진다. "너무 깊이 담가 찍어 드시면 면 특유의 맛을 느낄 수 없습니다. 처음엔 면만 따로 먼저 드시고, 조금씩 양념 국물을 찍어 드셔보세요." 류지 사장의 설명이다.

다시 면만 따로 먹어본다. 이 맛은 뭐지? 아무런 맛이 없다. 흔히 하는 말로 무(無)맛이다. 류지 사장 얼굴을 쳐다본다. 그는 '이미 예상했던 바'라는 표정을 짓더니 이내 '계속 먹어보라'는 듯한 표정으로 바뀐다. 두 번째도 면만 먹는다. 조금씩 담백함이 입속에서 퍼진다. 이내 그 맛이 고소함으로 바뀐다. 그 맛이 너무 옅어 그것이 실제로 고소한 맛인지 자신이 없을 정도다. 그런데 왠지 '이 정도가 딱 좋다'는 생각이 든다. 늦은 밤에 강한 맛은 좋지 않다.

양념 국물 속에 약간만 면을 담근 후 다시 '후루룩'. 면의 담백함이 유자향 속에 살짝 감춰지는 듯하더니 어느새 다시 살아난다.

맛보다 더 기억에 남는 것은 면의 식감이다. 정말 부드럽다. 면이 부드러움과 쫄깃함을 동시에 만족하기란 쉽지 않다. 쫄깃함을 살리려다 보면 부드러움은 그만큼 약해지기 마련. 인생사가 다 그렇듯이 이 또한 선택의 문제다. 보통 일본의 우동은 부드러움보다 쫄깃함에 더 치중한다. 도가쿠시의 면은 의외로 부드러움을 택했다.

다른 지역에도 가마아게 우동은 있다. 그러나 이만큼 면발이 부드럽지는 않다. 비결은 역시나 비밀이다. 술도 한잔 했겠다, "멀리서 찾아왔는데 너무 팍팍하게 그러지 말라"며 추궁했더니 "삶는 방법보다 반죽 재료에 비밀이 숨어 있다"며 짧게 보탠다.

담백함과 부드러운 면발, 술로 상한 속을 달래기에 딱 좋다. 한 그릇을 비우는 사이, 술로 날 선 오장육부의 신경세포가 조용히 드러누워버린 느낌이다. 그만큼 속이 편해진다. 그래서일까? 시메를 먹으러 들른 가게에서 오히려 다시 술판이 벌어지는 테이블도 적지 않다.

"술을 팔면 시메가 아니잖아요!" 정작 주인은 시메집이라고 써 붙여놓은 것도 아닌데, 괜히 농을 걸어본다. 류지 씨는 웃으며 대꾸한다. "시메라고 먹고선 속이 풀리자 다시 술 생각이 나서 다른 술집으로 발걸음을 옮기는 손님도 많습니다. 그리고 몇 시간 뒤에는 다시 시메를 찾아 우리 가게로 되돌아와선 또 우동을 시켜 먹지요. 하룻밤

에 세 번 오는 손님도 있었습니다. 그것보다야 우리 가게에서 마시는 게 낫지 않나요?" 세 번은 좀 심했다.

일본 규슈 지역의 오래된 가게를 취재하면서, 그 세월만큼이나 많은 부침을 듣고 보았다. 하나의 음식점이 오랜 세월 사랑받기는, 절대 쉽지 않은 일이라는 걸 느꼈다. 여기 도가쿠시라면 좀 다르겠다. 세상살이에는 언제나 힘에 부치는 일이 생기기 마련이고, 그럴 때면 술 한잔 생각나는 것이 인지상정이다. 우리 인생에 술이 존재하는 한, 그리고 애주가가 존재하는 한 도가쿠시의 우동은 100년 후에도 변함없이 사랑받지 않을까. 술자리를 파할 때쯤 가끔 도가쿠시의 담백한 우동 맛이 생각날 것 같다.

가마아게 우동 600엔. 영업시간 오전 11시 ~오후 3시, 오후 6시~다음 날 오전 2시. 일요일 휴무. 미야자키 현 미야자키 시 주오 토오리 7-10(宮崎県宮崎市中央通7-10). 0985-26-2872.

:: 오카와리 ::

예로부터 '한 번 주면 정(情) 없다'고 했다. 어린 시절 할머니로부터 귀에 딱지가 앉도록 들었다. 밥을 퍼주실 때도, 용돈을 주실 때도 꼭 덤으로 한 번씩 더 주시곤 했다. 그렇게 막 퍼주는 게 한국의 인심이다. 밥집에서 "이모, 밥 좀 더 주세요"라고 외치면, 빈 공기에 다시 수북이 밥의 산이 생겨났다. 그것도 이젠 다 옛날이야기라고? 딱히 부정하기도 어렵다. 얼마 전 한 식당에서 염치불구하고 "이모, 밥 좀 더 주세요"를 외쳤다. 빈 공기를 든 손이 무색할 정도로 따뜻한 새 밥공기가 식탁 위에 놓여진다. 이른바 '공깃밥 추가'다. 고작 1천~2천 원의 돈이지만, 섭섭하다!

일본에서 생활하다 보면 식당이나 술집에서 '오카와리(おかわり)'라는 말을 자주 듣게 된다. 오카와리는 '(같은 걸로) 하나 더'라는 말이다. 생맥주 500cc를 비워낸 후 오카와리를 외치면 '한 잔 더 달라'는 말이다. 그런데 일본의 오카와리 문화 중 특이한 것이 있다. 밥의 오카와리가 공짜인 경우가 많다는 점이다. 밥은 얼마든지 먹어도 추가로 돈을 받지 않는다. '베니쇼가(紅生姜·생강초절임)'와 같은 기본적인 반찬 말고는 악착같이 돈을 받는 일본이 유독 밥에 대해서 관대한 점은 의외다.

우리나라의 경우, 반찬에 대해선 여전히 관대하지만 밥에 대해서는 그 관대함이 사라져가는 것 같아 아쉽다. 우리나라 식당의 인심이 일본보다 더 팍팍한 것일까? 그렇지는 않다고 본다. 그것은 식문화의 차이이다.

일본에서는 반찬이라는 개념이 매우 협소하다. 단무지나 베니쇼가 정도다. 그 외의 것들은 모두 요리의 개념으로 생각한다. 밥과 요리, 그리고 기본 반찬이다. 돼지 불고기 백반을 생각해보자. 우리의 관념으로는 밥, 돼지 불고기(요리), 그리고 김치나 나물 등 여러 반찬이 떠오른다. 그러나 일본인을 그 식탁에 앉히면, 밥과 여러 요리(돼지불고기, 김치, 나물 등)가 눈에 들어온다.

일본인에게 밥은 공짜로 오카와리가 가능하지만 요리는 안 된다. 대신 한국인들은, 아무리 인심이 팍팍해도 반찬은 공짜로 오카와리가 가능해야 한다. 물론 우리도 메인 요리인 돼지불고기를 공짜로 더 달라고는 하지 않는다.

밥 인심이 팍팍해진 한국인은 밥을 공짜로 여러 번 퍼주는 일본의 식당에 감동하고, 일본인은 김치 같은 훌륭한 요리를 공짜로 오카와리 해주는 한국 식당에 감동한다.

덧붙여 일본의 야구 선수 중 별명이 '오카와리'인 선수가 있다. 세이부 라이온즈의 홈런왕 나카무라 다케야이다. 나카무라가 홈런을 치면 관중석에서 모두 오카와리를 외친다. 나카무라 선수는 연타석 홈런이 많기 때문이다. 다음 타석에서도 한 방 더 날려달라는 말이다. 이래저래 오카와리를 좋아하는 일본이다.

고지방

Part 2

재일한국인의 애환이 서린
야키니쿠 겐푸칸

　　　　일본에서 태어나 조총련계 고등학교에 다니는 재일
한국인의 성장통을 그린 소설 '고(GO)'. 한국계 작가 가네시로 가즈키의 자전적 소설이다. 작가는 소설 첫 장에 '이것은 자신의 연애 스토리'라고 못 박는다. 소설은 재일한국인의 정체성 혼란과 일본 사회의 차별을 담담하게 그려내고 있다. 하지만 작가는 어디까지나 연애 소설로 받아들여지길 원한다. 지금부터 소개할 후쿠오카의 야키니쿠 음식점 '겐푸칸(玄風館)' 또한 재일한국인의 가게. 재일한국인과 야키니쿠는 떼려야 뗄 수 없는 관계다. 그러나 이 역시 '재일한국인의 이야기' 라기보다 '맛 이야기'로 받아들여지길 바란다.

　　먼저 '야키니쿠'의 정의부터 살펴보자. 야키니쿠(焼き肉)는 구운 고기라는 의미다. 방대하면서도 모호하다. 일본 위키피디아를 살펴보자. '야키니쿠의 풍습은 메이지 이전부터 존재했다. 그러나 손님에게 고기나 내장을 굽게 해 술과 함께 마시는 외식산업의 형태는 일제강점기 시절 조선에서 생겨난 식문화가 일본으로 건너온 것이다. 2차 대전 이후 재일한국인에 의해 야키니쿠가 대중에게 보급되었다.' 오늘날 일본에서 야키니쿠라고 하면, 일반적으로 '고기나 내장을 한국식으로 양념해 구워 먹는 방식'으로 여겨지고 있다.

　　'겐푸칸'은 후쿠오카 시 하카타 구의 북쪽, 국제여객터미널에서 얼마 멀지 않은 '치요(千代)'라는 곳에 있다. 이 지역은 후쿠오카 시내에서도 재일한국인이 많이 살기로 유명하다. 인근의 '센소시장'은 후쿠오카에서 한국 식재료가 가장 많은 시장이다. 1956년 문을 연 겐푸칸의 창업자 허두리 할머니는 20년 전에 돌아가셨다. 지금은 며느리 박영순 씨와 손녀 김수자 씨가 가게를 운영한다. 수자 씨는 할머니가 돌아가시던 해에 다니던 회사를 그만두고 가게로 들어와서 지금은 거의 모든 일을 도맡아 하고 있다.

　　언제 무너져도 이상할 것 없는 허름한 목조 단층건물의 노렌을 젖히고 안으로 들어서면, 시간은 57년 전으로 거슬러 올라간다. 창업 당시부터 가게 내부를 단 한 번도 고친 적이 없다. 벽 거울에 인쇄된 '다카라 비루'란 글자가 눈에 띈다. 지금은 아예 생산조차 하지 않는 옛날 맥주 브랜드다. 정작 메뉴판은 보이지 않는다. 메뉴판을 요구하

자 수자 씨는 "죄송하지만 메뉴판은 없어요"라고 말한다. 이유는 "원래부터 없었다"였다.

이건 마치 말하고 있는 사람 뒤로 '나는 변화가 싫다'라고 적힌 현수막이 펄럭이는 듯하다. 이 정도면 복지부동이 아닐까. 주인장 마음이 그렇다면 할 수 없다. "뭘 주문하면 됩니까?" "우리 가게에는 갈비, 등심, 안창살, 대창, 양, 곱창이 있어요." 그중 갈비를 주문한다. 1인분에 900엔. 일단 가격은 착하다.

한국에서 온 손님이라 반가워서인지 수자 씨가 직접 고기를 구워준다. 어느 정도 익었다 싶어 젓가락을 들려고 하자 "아직"이라며 말린다. 약간 태운 듯한 느낌이 들 정도가 되어서야 고개를 끄덕인다. 한국에서 소고기라면 생고기가 먼저 떠오르지만, 일본에서는 양념 고기가 기본이다. 양념이 짙게 밴, 약간 탄 듯한 고기를 한 점 집어 입으로 가져간다. 첫맛이 너무 진하다. 맵다. 한국 음식이 맵다지만, 이건 그보다 더하다. 고기 본연의 맛을 모를 정도다. 다시 한 점 집어 먹는다. 적당히 눌어붙은 양념 맛에 혀가 익숙해지고 나니 고기 맛이 느껴진다. 부드럽다기보다는 씹는 맛이 좋다. 씹을수록 고기 맛이 산다. 아마카라이(甘辛い). 매우면서도 단맛이 느껴진다. 일본인이 한국의 매운맛을 표현할 때 자주 사용하는 단어다. 익숙한 한국의 맛과는 차이가 있지만, 이 부분에서는 닮았다. 한국 소주가 생각나는 맛이다.

된장으로 치자면 강된장 같다고나 할까. 경북 출신인 내 할머니의 강된장은 너무 짰다. 어릴 적 할머니의 된장은 숟가락으로 떠 먹기보다 살짝 찍어 먹는 것이었다. 그 맛이 떠올랐다. 강된장을 처음 먹어 보는 사람에게 그 맛은 기존 된장과 전혀 다른 것이다. 그러고 보니 겐푸칸의 창업자도 경북 출신이라고 했다.

문득, 어쩌면, 이 맛이야말로 예전 '한국의 맛'일지도 모른다는 생각이 들었다. 요즘 식당 메뉴판에서 흔히 볼 수 있는 '와인숙성불고기'니 '치즈 떡볶이'가 과연 30~40년 전 불고기, 떡볶이 맛과 같은 것일까? 한국 음식, 특히 식당 음식은 세대에 따라, 유행에 따라 조금씩 그 맛을 바꿔왔다. 음식이라는 상품을 팔기 위해서는, 소비자의 입맛에 맞춰나가는 것이 중요했다. 그러나 재일한국인에게 음식이란 '지켜야 할 고향의 맛'이었다. 이미 작고하신 내 할머니가 이곳 양념갈비를 먹는다면? 오히려 지금 한국에서 유행하는 프랜차이즈 가게의 맛보다 맛있다고 반길지도 모를 일이다.

사실 그렇게 고급 요리도 아니다. 소고기도 외국산을 쓴다. "와규를 사용해선 지금 이 가격에 먹을 수 없어요." 하긴, 우리가 언제부터 소고기를 먹을 때 마블링을 따져가며 먹었던가? 이곳의 재일한국인도 마찬가지였다. 몇 날을 별러서 고기를 먹을 수 있는 것만으로도 행복한 시절이었다.

야키니쿠의 묘한 맛에 빠져 있는 동안에도 가게에는 손님이 끊이질 않는다. 메뉴판 따위는 없다는 것을 잘 알고 있는 걸 보니 다들 단골손님이다. 게다가 모두 일본인이다. 대부분 손님이 고기뿐만 아니라 내장을 함께 주문한다. 대창, 곱창, 양 등 소의 내장을 일본에서는 '호르몬'이라 부른다. '버리는 물건(호루모노·放るもの)'이라는 뜻이

다. 원래 일본인은 내장을 먹지 않고 버렸다. 불과 수십 년 전부터 재일한국인들이 먹는 것을 보고 배웠다. 지금은 오히려 일본인이 그 맛을 더 즐긴다.

처음부터 젠푸칸을 찾는 손님이 많았던 것은 아니다. "처음엔 장사가 너무 안 돼서 엄마가 손님들 술 시중까지 했다고 들었어요." 수자 씨의 설명이다. "그 힘든 시기를 어떻게 해서 넘겼나요, 특별한 비결이라도?" 대답은 역시나 간단했다. "달리 아무것도 하지 않았어요. 아니, 아무것도 하지 않았다기보단 그냥 견디며 가게를 유지했다고나 할까. 그러던 중 야키니쿠가 일본인 사이에 알려지고, 어느 순간부터 동포보다 일본인 손님이 많아지면서 형편이 조금씩 나아졌죠."

'복지부동'이라는 단어가 다시 한 번 떠올랐다. 그런데 처음만큼
의 거부감은 없었다. 생각하기 나름이다. 변화 없이 그대로를 지켜나
간다는 것. 가게가 잘될 때에는 이보다 쉬운 일이 없다. 반대의 경우
에는 이처럼 어려운 일도 없다. 오히려 일본 땅에 사는 재일한국인이
기에 가능했던 것일지도 모르겠다. 수자 씨가 덧붙인다. "돌아가신
할머니 말에 따르자면 '그것밖에 할 수 있는 게 없었다'고 하시더군
요." '국적조항'이란 법률에 묶여 '재일한국인에게 가능한 것이라고는
빠찡코, 야키니쿠 가게, 그리고 동포를 대상으로 한 신용금고에서 일
하는 것밖에 없다'는 말이 공공연히 나돌던 시절이었다.

지금은 다르다. 시대도 바뀌었고, 재일한국인을 바라보는 시각도
바뀌었고, 일본인의 입맛도 바뀌었다. 이제는 고급화, 현대화를 생
각해볼 법도 하다. 그런 생각을 하는 사람이 수자 씨의 오빠, 지신
씨다.

뒤늦은 고백(?)이지만, 후쿠오카에는 두 종류의 겐푸칸이 있다. 창
업자 할머니가 문을 연 가게를 잇는 수자 씨의 겐푸칸이 그중 하나
라면, 그것을 현대화한 지신 씨의 '겐푸칸'이 다른 하나이다. 10년 전
문을 연 지신 씨의 겐푸칸은 현재 3호점까지 그 세를 확장하고 있다.
나카스 등 후쿠오카 번화가에 자리 잡은 겐푸칸은 메뉴와 가격대를
다양화해 더욱 많은 사람이 야키니쿠를 접할 수 있도록 노력한다.

"오빠는 오빠 나름대로 야키니쿠를 지켜나가는 방법을 선택한 것
이겠죠. 누구의 방법이 옳다고 말할 순 없다고 생각해요. 다만 저는
할머니의 맛을 지켜나가고 싶을 뿐입니다." 그렇다. 수자 씨가 지키
고 싶은 것은 '한국의 맛'과 같은 거창한 구호가 아니었다. 그저 그리
운 '할머니의 맛'일 뿐이다. 그렇다고 그 의미가 초라해지는 것은 아

니다. "이런 가게 하나쯤은 남아줘야 하지 않겠어요? 유행이라는 것
도 알고 보면 계속 돌고 도는 거잖아요. 그걸 쫓아가다 보면 끝이 없
어요. 그렇게 시대라는 파도를 타고 계속 바꿔나가는 것보다, 그냥
묵묵히 지켜나가는 게 나에게는 더 맞는 일인 것 같아요."

한국어를 한마디도 하지 못하는 수자 씨의 국적은 의외로 한국이었다. 상당수의 재일한국인이 일본 국적으로 바꾸고 있는 현실이다. "굳이 한국 국적을 고수하는 이유라도?" 다시 한 번 구태의연한 질문이 이어진다. "특별한 이유는 없어요. 단지 일본 국적으로 바꿀 필요가 없었을 뿐이에요. 나중에 결혼해서 아이가 태어나 그 아이의 교육상 필요하다면 바꿀 수도 있다고 생각해요." 솔직담백한 답변이다. "중요한 것은 국적이 아니라 마음 아닐까요? 제가 국적을 바꾼다고 제 뿌리가 바뀌는 것도, 저라는 인간이 바뀌는 것도 아니고, 우리 가게 맛이 바뀌는 것도 아니니까요."

'이름이란 것은 무엇일까? 장미라고 불리는 꽃을 다른 이름으로 불러도 그 아름다운 향기는 그대로인 것을'. '로미오와 줄리엣'에 나오는 대사다. 또한 앞서 말한 소설 '고'의 프롤로그에 인용된 문장이기도 하다. 한국인, 일본인, 재일한국인…. 그 이름이 뭐 그리 중요할까? 국적이 어떻든 간에 그 사람은 그 사람 그대로인 것을. 그리고 겐푸칸의 맛 또한 그대로일 테다. 때로는 '변하지 않는 것'이야말로 하루가 멀다고 변화하는 이 시대를 버티는 하나의 방법이 아닐까.

모든 메뉴 1인분 900~1천 엔. 영업 시간 오전 10시~오후 11시. 매주 수요일 휴무. 후쿠오카 시 하카타 구 치요 3-48-9(福岡市博多区千代 3-48-9). 092-651-7817.

선술집의 원형
가쿠우치

　　'가깝고도 먼 나라.' 일본에 대한 우리나라 사람의 생각을 이 이상으로 잘 표현하기는 어려울 것 같다. 한국과 일본은 물리적인 거리는 가깝지만 심리적인 거리는 너무나 멀다. 이어령 전 문화부 장관은 그 이유에 대해 "서로에 대해 깊이 알려고 하지 않기 때문이다"고 말했다. 일본을 자주 다니며 일본을 어느 정도 안다고 생각했다. 하지만 서서 술을 마시는 '가쿠우치(角打ち)'나 '다찌노미(立飲み)' 문화는 참 이해하기 어려웠다. 우리나라에는 '서서 먹으면 거지가 된다'는 말까지 있다. 일본에는 서서 술을 마시는 문화가 오래도록 이어져 오고, 게다가 새롭게 조명을 받고 있다니 그 이유가 궁금했다. 어쩌면 서서 술을 마시는 문화를 통해 일본을 좀 더 알 수 있겠다는 생각이 들었다.

　　기타큐슈(北九州)에 도착할 때까지 '가쿠우치'라는 단어는 있는지도 몰랐다. '기타큐슈가 다찌노미가 처음 생겨난 곳이다'라는 이야기만 듣고 찾아간 것이었다. 그런데 막상 기타큐슈에 도착해 보니 이 이야기는 완전히 틀렸다. 기타큐슈에는 다찌노미가 아니라 가쿠우치가 있었고, 가쿠우치조차 기타큐슈가 원조가 아니라는 것이다. 대체 왜 이런 오해를 하게 되었을까.

　일본의 다찌노미는 기원이 오래된 간이술집이다. 다찌노미 문화는 우리나라에도 영향을 미쳐 통영에 가면 독특한 술 문화인 '다찌집'이 있다. 몇 년 전에 갔던 '통영 다찌'에서는, 소주는 1병에 1만 원가량으로 비싸지만 싱싱한 안주가 한 상 가득히 나왔다. 당시 통영시 홍보담당자는 "다찌집은 술을 많이 마시는 통영 사람들을 위해서 만들어진 특유의 술 문화이다. 외지 사람들이 가서 술은 별로 안 마시고 안주만 많이 달라고 하면 수지가 맞지 않는다. 그래서 취재하러 가도 별로 환영하지 않는다"고 말했다. 일본에는 요즘 아주 세련된 다찌노미까지 등장하고 있다. 다찌노미는 주점 허가를 받아야 하는 서비스 업종이지만, 가쿠우치는 주류판매점이다. 가쿠우치는 기껏해야 상점 한편에 선반이나 술상자를 쌓은 간이 테이블을 만들어 잔술이나 병맥주를 파는 곳이다. 다찌노미와 가쿠우치는 엄연히 차이가 있지만 일본인조차도 혼동하는 사례가 적지 않단다.

　기타큐슈에 가면 거리에서 심심치 않게 가쿠우치를 볼 수 있다. 기타큐슈에는 약 550곳의 주류판매점이 있는데 그중 가쿠우치는 150여 곳 정도가 된다. 한 대학에서 주류판매점을 상대로 가쿠우치 여부에 대해 전화로 조사했더니 131곳 만이 가쿠우치라고 대답했다. "우리는 단골만을 상대로 조용히 영업한다" 혹은 "기분 내킬 때만 문을 연다"고 답한 가게도 있어 150여 곳으로 추정했다. 가쿠우치는 지역민들 위주로 장사하는 독특한 술 문화라는 면에서 통영 다찌와 닮았다. 통영 다찌는 일본 다찌노미 문화의 영향을 받은 것으로 보인다.

　기타큐슈에 왜 이렇게 가쿠우치가 많을까. 기타큐슈는 1901년 국영 야와타제철소(八幡製鐵所)가 문을 열며 중화학공업지대로 개발됐

清酒
有薫
YUKUN
平尾酒店
TEL.521-3268

다. 공장이 24시간 3교대로 돌아가자 많은 노동자들이 몰려들었고, 노동자들은 지친 몸을 추스르고 휴식을 취하기 위해 술을 마셨다. 노동자들에게 언제라도 싸게 술을 마실 수 있는 가쿠우치는 고마운 존재였다. 한잔 걸쳐야 편안한 마음으로 집에 갈 수 있었다.

기타큐슈가 가쿠우치의 원조가 아닌데도 사람들이 여기서 최초로 생긴 것처럼 좋은 쪽으로(?) 착각하는 데는 '기타큐슈 가쿠우치 문화 연구회(가쿠분켄)'의 역할이 컸다.

가쿠우치를 각별히 사랑하는 사람들의 모임인 '가쿠분켄'은 2005년 8명으로 시작해 지금은 회원 수가 250여 명에 달한다. 회비도 회칙도 없고 회원들의 연령대나 직업도 다양하다. '가쿠우치를 기타큐슈의 브랜드로 삼아 전국에 알리자'라는 큰 포부를 가진 사람부터 '술 마시는 게 뭐가 나빠'라는 단순한 생각으로 가입한 사람까지 각자 생각도 다양하다. 이들 회원 가운데는 기타큐슈에 일정 기간만 머무르는 주재원도 있다. 이들이 임기를 마치고 고향으로 돌아가게 되면 그 지역 지부장으로 임명, 독일과 미국의 지부장까지 두게 되었단다.

기타큐슈는 사실 공장 말고는 별로 내세울 게 없는 도시다. 제철소까지 빠져나가며 몇 년 전부터 인구 100만 선이 무너져버렸다. 위기감을 느낀 기타큐슈 시가 기타큐슈를 알릴 게 뭐가 있을까 여론 조사를 했다. 시에서는 그동안 별 관심도 없었던 가쿠우치를 시민들이 일등으로 꼽아 시장을 비롯한 공무원들이 깜짝 놀라는 일이 벌어졌다. '가쿠분켄'의 열렬한 활동 덕분에 이제 가쿠우치는 기타큐슈를 대표하는 브랜드로 정착했다.

가쿠우치 취재에 가쿠분켄의 도움을 받기로 했다. 가쿠분켄의 사

아카카베를 장식한 오래된 포스터(위쪽)
5대째인 모리노 토시아키 씨가 단골 손님과 이야기하고 있다.(아래쪽)

무국장은 뜻밖에도 대학 졸업 후 일본에 자리 잡고 20여 년 넘게 살고 있는 한국인 여성 김성자 씨이다. 김 씨의 소개로 가쿠우치를 둘러봤다. 먼저 JR 고쿠라 역에서 가까운 탄가 시장의 '아카카베(赤壁酒店)'에 들어갔다. 식료품을 위주로 판매하는 탄가 시장은 한국을 비롯한 외국인 관광객들도 많이 찾는다. 가쿠우치에 들어서자 사케, 소주, 맥주 등 수많은 병사들이 질서 정렬하게 열병을 하는 '술의 나라'에 들어선 느낌이다.

일본에는 사케나 소주는 물론이고 맥주까지 지역마다 술의 종류가 무척이나 다양하다. 그 많은 술을 조금이라도 더 구경하려면 서서

한 잔씩 맛보는 게 맞을 것 같다. 아카카베는 간단한 안주를 조리해준다. 기타큐슈 지역 특산물이라는 된장으로 조린 고등어를 맛보았다. 안주는 직접 만든 것으로 양도 꽤 많다. 사케를 시키니 술을 팔 때 계량용으로 사용하던 나무로 만든 사각의 되에 술잔을 올려서 내준다. 이건 뭘까. 가쿠우치의 어원을 두고 지금까지 흥미로운 공방이 벌어지고 있다. 그중 하나

나무로 만든 사각의 되에
술잔이 올려져서 나온다.

가 사각의 되 채로 술을 마신다는 의미에서 왔다는 것이다. 그 밖에도 술집 대다수가 모퉁이에 있어서, 가게 모퉁이에서 마셔서, 사각 잔의 모서리로 마셔서 등의 설이 분분하다. 사실 이런 논란은 술 마시는 재미를 더한다. 문득 일본 사람들은 대체 얼마 동안이나 서서 술을 마실 수 있을까 궁금해졌다. 아카카베에는 '음식은 30분 이내에 드시기를 부탁한다'는 글이 붙어 있다. 보통 30분 정도 가볍게 술을 마시고 간다는 말이다. 혼자 와서 조용히 술을 드시던 한 노인이 "가쿠우치 중에는 3분 이내라고 붙은 곳도 있다"고 알려준다. 놀라는 모습을 보이자 "나도 왕년에는 주인이 잔돈을 거슬러주는 것보다 술 마시는 속도가 빨랐다"며 젊었던 그 시절을 그리워한다. 요즘 가쿠우치에는 낮에는 연금 생활자, 저녁에는 샐러리맨이 많이 온다. 아카카베의 4대째 대표인 여주인 모리노 히데코 씨는 "호주머니 속 잔돈으로 마실 수 있는 가게이지만 맛있다는 말을 듣는 순간의 행복을 소중하게 생각한다"고 말한다. 이런 마음 씀씀이가 손님을 행복하게 한다.

손님들이 줄을 서는 시절도 있었다지만 지금은 장사가 그렇게 잘 되는 것처럼 보이지는 않는다. 그래서 자식들에게 시키려고 하지도 않고, 자식들도 안 하려고 해서 가쿠우치도 점점 줄어든다. 하지만 모리노 씨는 가업을 아들에게 이어주고 싶다고 했다. 장사도 안 되는데

된장으로 조린 고등어 안주

왜 물려주려고 하는지 궁금했다. 그는 "여기서 태어나서 자랐다. 가쿠우치를 통해 공부하고 집을 일으킬 수 있었다. 4대까지 했으니 더 해야 한다"고 말했다. 5대째를 이어갈 아들의 이름은 모리노 토시아키이다.

히라오의 특급 안주인 어육소시지와 양파

사케 한 잔과 캔맥주 2개, 병맥주 1개, 안주 2개를 먹어서 총 1천 700엔이 나왔다. 일본이라고 믿기 어려운 싼 가격이다. 술꾼이 일차로만 끝낼 수 있나. 두 번째 가쿠우치인 '히라오(平尾酒店)'로 들어갔다. 히라오는 교양 있고 친절한 여주인이 웃는 얼굴로 맞아줘 초보자(?)도 부담 없이 갈 수 있는 가쿠우치로 이름이 났다. 히라오는 간이 탁자와 의자를 갖추어 보다 편하게 마실 수 있다. 하지만 가쿠우치는 역시 서서 마셔야 즐겁다. 히라오는 술집 거리에 자리 잡아 본격적으로 마시기 전에 가볍게 한 잔 하거나 시간을 때우러

들르는 손님이 많다. 히라오의 특급 안주인 어육소시지가 양파와 함께 수북하게 나온다.

맥주를 마시며 김성자 씨의 이야기를 들었다. 김 씨가 2002년 기타큐슈에 와서 가쿠우치에 처음 갔을 때는 남자들만 잔뜩 있었다. 여자 사장님까지 "뭐하러 왔느냐"고 퉁명스럽게 말했단다. 그때까지만 해도 가쿠우치는 남성 중심의 술 문화였다. 김 씨는 "가쿠우치는 지역민들의 전통적인 커뮤니티다. '가쿠우치 때문에 기타큐슈에 가고 싶다'는 생각이 들도록 만들고 싶다"고 말했다. 사실 어떤 가쿠우치에서 어떤 손님과 만나 어떤 대화를 할지 아무도 모른다. 가쿠우치 홍보 책자에는 "평소에는 말을 주고받을 일이 없는 사람들과 대화하는 것이 가쿠우치의 매력이다"고 소개하고 있다.

시간이 얼마나 지났을까. 옆자리의 일본인 샐러리맨이 턱을 고이고 잠에 빠졌다. 오늘 하루도 많이 고단했던 모양이다. 그에게서 그 시절 제철소에 다니던 3교대 노동자의 모습이 보인다. 그가 지금 꾸고 있는 꿈이 궁금해졌다. 가쿠우치는 집집마다, 또 동네마다 분위기가 다르다고 했다. 다음 번에는 어느 가쿠우치를 가볼까.

가쿠우치를 다니고 난 뒤 일본인 시모다 준이 지은 『선술집의 모든 역사』를 읽었다. 그 책을 통해 선술집은 통상 '선 채로 간단하게 술을 마실 수 있는 술집'을 뜻한다는 사실을 알게 되었다. 일본국어대사전에는 선술집을 '가게 앞에서 편하게 술을 마실 수 있는 술집'으로 설명한다. 한글 국어사전에도 선술집을 '술청 앞에 선 채로 간단하게 술을 마실 수 있는 술집'이라고 소개한다.

선술집은 오래전부터 존재했다. 기원전 1750년 무렵 바빌로니아

왕국 함무라비 왕이 제정한 『함무라비 법전』에는 여자는 선술집에 가지 말라는 규정이 들어 있다. 중세와 근세의 영국 선술집은 커뮤니티 센터의 기능을 톡톡히 했다. 선술집은 19세기에 뮤직홀, 음악 카페, 카바레 등 새로운 타입의 도시 선술집이 등장하면서부터 쇠퇴하기 시작했다.

일본의 가쿠우치에는 선술집의 원형이 그대로 남아 있다. 시간을 거슬러 올라가 선술집의 원형을 만났다.

아카카베(赤壁酒店). 후쿠오카 현 기타큐슈 시 고쿠라키타 구 우오마치 4-5-4(福岡県北九州市小創北区魚町4-5-4). 영업시간 오전 9시30분~오후 7시. 일요일 휴무. 093-521-3646.

히라오(平尾酒店). 후쿠오카 현 기타큐슈 시 고쿠라키타 구 곤야마치 6-14(福岡県北九州市小創北区紺屋町6-14). 영업시간 낮 12시~오후 9시. 일요일 휴무. 093-521-3268.

고래의 별별 부위까지 다 먹네
마츠우라츠케혼포

세상은 넓고 먹거리는 많다. 상상도 못 할 만큼 많다. 가짓수도 그렇고 음식의 재료 역시 가끔 '이런 것까지 먹나' 싶을 정도다. 그런 탓에 식문화의 차이로 인한 문화간 갈등도 종종 일어난다. 우리나라의 개고기도 그 단골 주제다. 고래 또한 마찬가지. 최근 일본의 포경(捕鯨) 문제가 시끄럽다. 2013년 국제사법재판소는 오스트레일리아의 제소로 일본의 포경 관련 재판을 진행 중이다. 사실 우리나라도 고래고기를 먹는다. 한·일 양국이 이 문제에서만은 묘한 연대감을 가진다. 그래도 어느 쪽이 더 고래고기를 좋아하느냐고 굳이 묻는다면 일본이 아닐까 싶다. 아무래도 섬나라이다 보니 고기보다 생선이 더 보편적이고, 생선은 아니지만 바다에 사는 고래 역시 친숙한 것이 아닐까. 생선 위주의 식단에서 고래가 단백질 보충에 큰 역할을 한 것도 하나의 이유다.(일본에 육식 문화가 보편화된 것은 불과 100여 년 전부터이다.) 일본 사람은 고래의 별의별 것까지 다 먹는다. 심지어 고래 코뼈에 붙은 연골까지 먹는다. 일본 규슈 사가 현 가라츠 시의 작은 어촌마을 요부코에서 100년이 넘게 영업 중인 '마츠우라츠케혼포(松浦淸本舗)'. 이곳에서 만든 고래 코뼈 연골의 술지게미 절임 '마츠우라츠케'는 '일본 5대 진미'의 하나로 꼽힐 정도다. 어떤 맛이길래….

 '마츠우라츠케혼포'는 1892년 문을 열었다. 창업자인 야마시타 젠이치 씨는 원래 메이지 시대 요부코 인근에서 가장 큰 포경 조직의 출자자였다. 오늘날로 치면 주식회사의 주주 같은 지위다. 그리 큰 대주주는 아니었나 보다. 그에게 주로 배당된 것은 고기보다는 내장과 같은 잡부위였다. 그중에는 '가부라호네'라고 불리는 고래 코뼈 부분의 연골도 있었다. 사실상 거의 쓸모없는 부위라 해도 좋았으니 따로 조리법도 없었다. 다만 얇게 썰어 '쓰마(つま·무채처럼 회 접시에 곁들이는 장식물)'로 사용되는 정도였다.
 그런 가부라호네를 주목한 사람이 있었으니 바로 야마시타 씨의 아내 쓰루 씨였다. 가부라호네의 독특한 식감에 주목한 쓰루 씨는 술집을 경영하는 본가로부터 술지게미를 구해 가부라호네를 절였는데, 이게 나쁘지 않았다. 의욕이 발동한 쓰루 씨는 수십 번의 시행착오 끝에 달콤하며 쌉싸름한 독특한 맛을 끄집어냈다. 쓰루 씨의 가부라호네 술지게미 절임은 동네방네 입소문을 탔고, 결국 창업에까지 이르게 된다. 그리고 가부라호네와 술지게미의 환상적인 조합을 '마츠우라츠케'라고 이름지었다.
 공장(식당이 아니라 공장이다.) 문을 여는 순간 가장 먼저 방문객을 맞은 것은 매캐한 곰팡이 냄새다. 손사래로 냄새를 걷어내고 주위를 둘러보니 인부들이 코끼리 상아 같은 것을 큰 물통 안에서 씻고 있다. 고래의 코뼈다. 고래는 네 종류가 사용된다. 밍크고래, 보리고래, 브라이드고래, 참고래다. 보통 앞 세 종류 고래의 가부라호네를 섞어 만들고, '특선'에 한해서만 참고래가 더해진다.

코뼈에서 연골 부위를 떼어 얇게 썬다. 이때 두께는 0.9mm. 더 두 껍거나 더 얇으면 원하는 식감이 나오지 않는다고. 다시 물에 씻어내 고, 달게 조미한 술지게미에 1년 이상 푹 절인다. 그리고 통조림 캔에 담아 밀봉하면 완성. 이게 전부다.

"공정의 대부분이 발효 과정이기 때문에 눈으로 볼 수 있는 것이 아닙니다. '발 효는 사람이 하는 것이 아 니라 자연이 하는 것'이라는 말이 있어요. 우리들이 하는 일은 자연 발효 과정에 변수 가 발생하지 않도록 관리하 는 것뿐이죠." 공장장 이토 요시유키 씨의 설명이다.

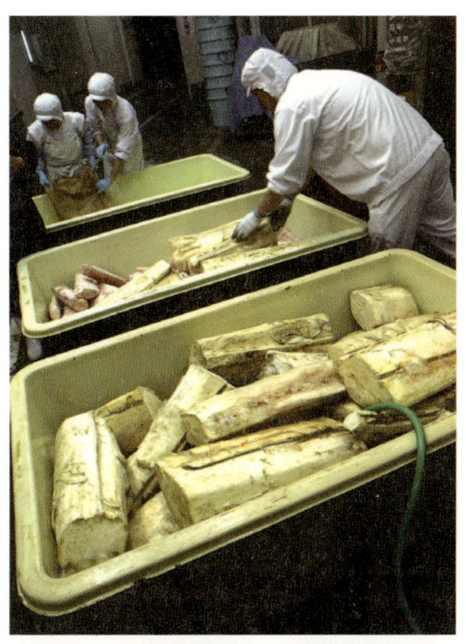

발효가 자연의 몫이라면, 먹는 것은 사람의 몫이다. 먹자! 공장 옆 판매장의 시 식실로 자리를 옮긴다. 호 기심과 두려움이 혈관을 타 고 소용돌이치기 시작했다. 일반적으로 음식이란 아무 리 처음 먹는 것이라도 대 충 어떤 맛인지 예상 가능 한 법. 처음 보는 생선이라

도 생선에서 초콜릿 맛이 날 리는 만무하다. 재료가 닭이라면 굽든 삶든 찌든, 팥빙수 맛이 나지는 않는다. 그런데 고래 코뼈의 연골에선 어떤 맛이 날까, 예상이 안 된다. 마치 눈을 감은 채 한 치 앞도 보이지 않는 어둠 속을 한 걸음 한 걸음 내딛는 기분이다. 도대체 어떤 맛일까? 참고로, 헤이본샤에서 출간한 백과사전에는 이곳의 '마츠우라츠케'를 일본 5대 진미의 하나로 꼽고 있다.

만 가지 생각이 교차할 즈음, 문제의 그것이 작은 접시에 담겨 나왔다. 날름 집어 먹어본다. 매끄럽게 혀에 와 닿는 감촉을 느끼며 어금니와 송곳니로 조심스레 씹는다. 꼬들꼬들한 식감, 맛은 달면서도 짭조름하다. 약간 쉰내도 난다. 그런데, 묘하다. 쉰내에 인상을 찌푸리지만, 입속에서 그 쉰내가 사라질 때쯤이면 왠지 서운하다. 다시 맛보고 싶어진다. 마치 유원지에서 바이킹을 타면 겁이 나 눈을 감고 빨리 이 시간이 끝나기를 바라지만, 막상 내려오면 서운해서 다시 줄을 서는 그런 심정이다.

"밥이랑 함께 드셔보세요"라며 밥을 건넨다. 젓가락으로 절임 적 당량을 밥그릇 위에 옮기고, 다시 밥을 보태어 입속으로 가져간다. 아! 조금 전의 자극적인 맛과 향이 밥의 고소함에 적당히 중화되는 느낌이다. 강한 맛과 향이 잡히면서, 맛깔스러워진다. 쉰내는 어느새 감식초 맛으로 변한다.

'가장 힘들었던 시기가 언제였느냐'는 질문에 히라타 히로미 영 업부장은 20여 년 전을 회상했다. "없어서 못 팔 지경이었어요." 이 건 또 무슨 동문서답일까? 없어서 못 팔 정돈데 뭐가 힘들어? 그런 데, 정말 그랬다. 수요가 늘어난 것이 아니라 공급이 줄었기 때문이 다. 국제사회에서 포경 규제가 엄격해지던 시기였다. 국제포경위원회 는 1986년 밍크고래 등 멸종 위기 고래 12종에 대한 상업적 포경 활 동을 금지했다. 이듬해부터 일본 역시 상업포경을 공식적으로 금지 했다.

고래를 전혀 잡을 수 없는 것은 아니었다. 개체 수 조사나 학술적 연구를 위해 제한된 양 이내에서 잡을 수 있게 했다. 이를 '조사포경' 이라고 한다. 조사포경에서 잡힌 고래만으로 공급을 감당해야 했다. 그 양이 전보다 수십 분의 일로 줄었다. 가부라호네의 양도 그만큼 줄었다. 팔 수 있는 '연골 절임'의 양도 줄었다. 수익도 줄었다. 적지 않은 수의 고래 관련 외식업종이 문을 닫거나 업종을 변경했다.

그러나 마츠우라츠케혼포의 돌파구는 달랐다. "저희 노하우는 가 부라호네를 0.9mm 굵기로 자르는 것에만 있는 게 아니에요. 오히려 술지게미를 이용한 숙성법에 있습니다. 그 노하우를 살린다면, 고래 가 아니더라도 다양한 재료의 절임 음식을 만들 수 있을 거라는 생 각을 했습니다." 그렇게 다양한 생선류의 절임 음식을 만들기 시작했고, 급강하하던 수익 곡선은 조금씩 그 경사가 완만해졌다. 그렇다고 고래 코뼈의 연골 절임을 포기한 것은 아니었다. 가능한 많은 가부라 호네를 확보, 생산해서 판매를 이어갔다.

마츠우라즈케혼포의 숙성법은 1급 기밀이다. 그 비법을 아는 사람은 야마시타 가(家)의 사람뿐이다. 최종 공정은 항상 그들의 손을 거쳐 이루어진다. 작업장에서 일하는 사람들은 메모지조차 휴대할 수 없다. 심지어 작은 공정 하나 새어 나가는 것을 막기 위해 작업장 내에서의 대화까지 은어를 사용한다.

조르고 졸라 겨우 몇 마디를 들을 수 있었다. 먼저 가장 중요한 것은 술지게미다. 마츠우라즈케혼포는 히로시마의 한 양조장에서 나오는 술지게미를 사용한다.

그리고 숙성법은 100여 년 전 쓰루 씨가 했던 방법 그대로를 지키고 있다. 현대식 장비를 이용한 공정은 거의 없다. 숙성고도 직접 손으로 제작한다. 시간과 수고가 이만저만이 아니다. 그래도 통조림 캔에 집어넣는 것은 현대의 기술이 아닐까? 아니다. 창업 당시에도 통조림 밀봉 기술은 있었다. 다만 통조림 하나가 800g짜리 분유통만 했다고.

"아니, 이렇게 손이 많이 들면서 인간이 하는 게 아니라 자연이 하는 것이라고 말할 수 있나요?" 질문은 이어진다. "우리는 발효와 숙성의 과정을 '네카세(寝かせ)'라고 합

니다." '네카세'는 우리말로 '잠재우기'라는 뜻이다. "잠은 우리가 자는 것이 아니라 술지게미가 자는 겁니다. 억지로 재우려고 수면제를 먹이거나 하면 안 됩니다. 스스로 잘 잘 수 있도록 주변 환경을 조용히 만들어주는 것뿐이지요."

뒤틀어진 공급과 수요는 언젠가 다시 균형을 찾게 되어 있다. 조사포경 허용량도 점점 늘어났다. 상업포경이 금지되던 당시 연간 200두 정도의 조사포경만 허용되다 지금은 1천 두를 넘어서고 있다. 사실 이 부분이 현재 국제적으로 문제가 되는 논쟁거리이기도 하지만, 마츠우라츠케혼포의 입장에서는 분명 반가운 일이다. 마츠우라츠케의 영업도 서서히 다시 제자리를 찾았다.

마츠우라츠케혼포의 간판 상품은 여전히 마츠우라츠케다. 만일 상업포경이 금지된 1980년대 당시 주력 메뉴를 바꿨더라면 어땠을까.(사실 이런 가정은 무의미하다.) 어쨌든 그들은 주력 메뉴를 포기하지 않았고, 지금 그 덕을 보고 있는 것 또한 사실이다. 대도시 백화점에 납품하는 것은 물론, 인터넷을 통해 전국적으로 팔려나간다.

이처럼 마츠우라츠케혼포는 주력 메뉴를 바꾸기보다 주력 메뉴를 도와주는 조력 메뉴를 개발했다. 슬럼프의 4번 타자를 교체한 것이 아니라, 오히려 위기의 4번 타자를 지키기 위해 3, 5번 타석에 괜찮은 타자를 보탠 셈이다. 공격력이 침체되었다고 팀의 간판 4번 타자를 계속 바꾸는 것은 좋지 않다. 오히려 4번 타자를 믿고 지켜보면서 최근 컨디션이 좋은 타자를 그 아래 위 타순에 배치하는 것이 긴 안목에서 볼 때 더 효과적일 수 있다. 결국 4번 타자가 살아야, 팀의 공격력이 산다.

또한 언제나 그 방법이 정답이라고는 할 수 없다. 포경은 여전히 엄격히 금지되어 있고, 일본이 국제사회에서 공존하려면 그 흐름에 역행할 수만은 없다. 어쩌면 지금이야말로 새로운 4번 타자를 키워야 할 시기일 수도 있다. 그러나 아직 고래 코뼈 연골 절임이 마츠우라츠케혼포의 4번 타자임에는 의심의 여지가 없다. 그것도 100년이 넘도록.

판매장 영업시간 오전 8시 30분~오후 5시 30분. 매주 토·일요일 휴무. 마츠우라츠케 1개 1천 260엔, 특선 2천 940엔. 사가 현 가라츠 시 요부코쵸 도노노우라 5(佐賀県唐津市呼子町殿ノ浦5). 0955-82-3111.

일본 땅의 '조선'이라는 이름의 엿
소노다야

전통을 지킬 것인가? 시대의 흐름을 따를 것인가? 많은 노포(老鋪)의 공통된 고민이다. 모든 경우의 수를 관통하는 하나의 답은 없다. 어떤 가게는 전통을 고수해 지금껏 간판을 유지할 수 있었다. 다른 가게는 부단히 변화를 꾀했기에 지금의 모습이 될 수 있었다. 또 다른 가게는 지금 그 기로에 서 있기도 하다. 일본 구마모토 현 구마모토 시에서 400년 이상 '조선(朝鮮)'이라는 이름의 엿을 만들어 온 '소노다야(園田屋)'는 현재 그 갈림길에 서 있다.

한국인이라면 '소노다야'보다 '조선'이라는 이름의 엿이 더 궁금해진다. 정식 이름은 '조센아메(朝鮮飴)', 우리말로 옮기면 '조선엿'이다. 400여 년 전 소노다야에서 만들기 시작해 지금은 구마모토의 명물이 되었다.

조센아메는 16세기에 소노다야의 창업자 소노다 다케몬이 처음 만들었다. 당시 이름은 '조센아메(長生飴)'였다. 소노다 다케몬은 당시 지역의 영주 가토 기요마사에게 이 조센아메를 바쳤다.

가토 기요마사는 도요토미 히데요시의 최측근으로 임진왜란 때 군사를 이끌고 조선으로 출병한 장본인이다. 당시 가토는 군사들에게 먹일 비상식량으로 이 조센아메를 가지고 바다를 건넜다. 시간이 지나도 상하지 않고, 적은 양으로도 충분한 영양을 얻을 수 있고, 무

엇보다도 맛있었기 때문이다. 물론 병사들에게도 큰 인기였다. 가토
는 임진왜란이 끝나고 '조센아메(長生飴)'를 음이 같은 '조센아메(朝鮮
飴)'라 고쳐 부르기로 했다.

　다른 설도 있다. 조선으로 출병한 가토 기요마사가 귀국할 때 우
리나라에서 엿 만드는 장인을 데리고 돌아가 만들었기에 조센아메
(朝鮮飴)라 불렀다는 설이다. 당시 일본군이 우리나라에서 군량미가
부족하자 임시방편으로 조선의 엿을 먹었는데 그것이 마음에 들었
다고. 그러나 앞의 내용이 좀 더 설득력 있다.

일단 먹어보면 안다. 우리가 아는 엿과는 전혀 다르다. 조센아메
는 엿이라고는 하지만 우리 느낌으로는 떡에 가깝다. 오히려 우리 떡
보다 훨씬 부드럽다. 씹는 순간 젤리처럼 '쑤~욱'하고 엿 속으로 이
가 들어간다. 그러면서도 달다. 처음부터 느껴지는 단맛이 아니라,
한 번 씹은 한참 후에나 느낄 만큼 담백함 속에 단맛이 숨어 있다. 사
람의 성격에 비유하자면, 소박하다 하겠다. 맛이 참 소박하다.

조센아메의 재료는 크게 찹쌀과 물엿이다. 찹쌀을 물에 불려 맷돌
로 잘게 부순다. 이후 가마에 설탕과 물엿을 함께 넣고 불을 지펴 졸
인다. 적당히 졸아 눅진하고 차지고 끈적끈적해지면 나무틀에 넣고
나흘 정도 건조해 완성한다.

조센아메는 메이지 시대였던 1877년 전국과자박람회에서 우승하
면서 전국적으로 알려져 구마모토의 명물이 되었다. '풍미감미(風味
甘美)하고 제법노숙(製法老熟)의 묘(妙)가 있다.' 당시 조센아메에 대
한 평가다. '그 깊은 맛이 달면서도 고상하고, 오랜 경험에서 비롯된
묘한 매력이 있다' 정도 되겠다. 서투른 번역이 평가 글의 글맛을 떨
어뜨릴까 걱정이다.

올라갈 때가 있으면 내려올 때 또한 존재하는 것이 만물의 이치.
조센아메 역시 1970년대를 기점으로 그 인기가 떨어지기 시작한다.
1970년대 초반까지만 해도 구마모토 시내에는 조센아메를 만들어
파는 가게가 30곳 이상 있었고, 총 매출액도 한 해 10억 엔에 달했다.
1990년대 후반에는 매출액이 2억~3억 엔으로 떨어졌고, 가게도 원
조인 소노다야를 비롯해 두세 곳만 남았다. 지금까지도 형편은 다시
나아질 생각을 않는다.

이유는 단순하다. 세상이 좋아지면서 다양한 먹거리가 생겨났

기 때문이다. 어디 여기뿐이랴. 많은 노포들이, 그 역사가 300년이든 400년이든, 가장 힘든 시기는 현대에 들어와서부터다. 그만큼 변화가 많아서일 테다. 400년 전부터 100년간의 변화보다 지난 10년간의 변화가 더 많은, 그런 시대다. 하루가 다르게 새로운 것이 쏟아져 나오고, 그만큼 빨리 옛 것이 되어버린다.

소노다야는 어떻게 이 힘든 시기를 견뎠을까? 현재 점포의 관리를 맡은 다테 도오루 영업부장에게 그 비결을 물었다.

"우선 '원조'라는 브랜드 파워가 있었습니다. 그리고 호황기에 무리하게 규모를 키우지 않은 것이, 오히려 불황기가 찾아왔을 때 견딜 수 있었던 이유가 아닐까 생각합니다."

점포도 본점 한 곳뿐이다. 최근 들어 전국의 백화점 일본 전통 과자 코너에 납품을 하지만 자본을 투여해 규모를 키우는 것과는 별개다. 점포 뒤편에 마련된 공장 역시 마찬가지다. 지금도 여전히 옛 방법 그대로의 가내수공업 형태로 조센아메를 만든다.

400년이 넘도록 지독스러울 만치 본래의 맛을 고집했다. 포장지까지도 수십 년 동안 디자인을 바꾸지 않을 정도다. 빛바랜 듯한 색깔이 고풍스럽다. 하긴 맛이 소박한데 포장지만 화려할 수도 없는 노릇이다. 그런 고집이야말로 최근의 혹독한 30년을 견디게 한 원동력이었다. 타지에 시집을 간 여인이 수십 년이 지나 고향 집에 들렀다 어린 시절 먹었던 그 옛 맛을 기억해 가게를 찾는다.

적어도 지금까지는 그랬다. 지금은 상황이 조금 더 달라졌다. "현재 우리 가게를 찾는 손님들은 나이가 대부분 60대 이상입니다. 이분들이 돌아가시고 나면 어떻게 될지…" 다테 씨의 걱정이다. 옛 맛을 기억하는 세대가 사라져가고 있다. 지금의 20대에게 이 소박한 맛으로 호감을 사기에는 더 달콤하고, 세련된 먹거리가 지천으로 널렸다.

조센아메의 맛을 좀 더 자극적으로 바꿔야 할까, 아니면 젊은 층에 맞춘 새로운 메뉴를 개발해야 할까. 21세기 소노다야의 고민이다.

이런 와중에 소노다야에는 또 하나의 고민이 있다. 후계의 문제다. 현재 경영자는 18대 소노다 고이치 씨. 나이가 나이인지라 점포에는 나오지 못한다. 현재 가게의 관리를 맡은 다테 씨는 소노다 씨 여동생의 아들이다.

소노다 씨에게도 아들이 한 명 있다. 그러나 아들은 다른 직업을 갖고 있다. 만화 『건스미스 캣츠』의 작가 소노다 겐이치 씨가 바로 그다. 『건스미스 캣츠』는 한국에도 번역되어 나와 있는 꽤 인기 있는 작품이다.

이 또한 21세기의 노포가 가지는 또 하나의 딜레마이다. 그 직계 자손이 당연히 가게를 이어받던 옛날과는 분위기가 다르다. "다테 씨

가 가게를 이으면 되지 않느냐"라는 질문에 대해서 정작 다테 씨 본인은 말을 아끼며, 이렇게 답한다.

"누가 후계가 되든 이 가게의 전통이 10년, 100년 후까지 계속 이어갈 수 있기를 바랍니다. 물론 이대로는 그 바람이 이루어지기 어려울 수도 있다고 생각합니다. 어쩌면 전통은 지켜나가는 것뿐만이 아니라 만들어나가는 것일 수도 있습니다. 50년 후쯤 제가 가게를 되돌아봤을 때 소노다야의 전통은 지금과는 조금 다른 모습일 수도 있겠지요. 그러나 역시, 본질만은 변하지 않았으면 좋겠어요."

> 조센아메 1상자 660엔부터. 구마모토 현 구마모토 시 주오 구 미나미쓰보이마치 6-1(熊本市中央区南坪井町6-1). 096-352-0030.

구마모토 시내에
위치한 '소노다야'의
내부 모습

흙까지 만드는 유기농
가야노야

일본 후쿠오카 현의 자연주의 레스토랑 '가야노야(茅乃舍)'를 찾아가며 부산에서 유기농 레스토랑을 경영하는 분이 생각났다. '유기농'이란 화학 비료나 농약을 쓰지 않고 유기물을 이용하는 농업 방식을 말한다. 유기농 농산물이 좋다는 사실을 모르는 사람은 이제는 거의 없다.

하지만 막상 선택의 순간이 되면 망설여진다. 유기농 재료를 사용하니 가격이 비싸지고, 화학조미료를 전혀 쓰지 않으면 대중적인 맛과는 거리가 생긴다. 작은 유기농 레스토랑을 운영하며 늘 노심초사하는 그를 떠올리며 규슈의 유기농 레스토랑은 처지가 어떻게 다른지 궁금해졌다.

후쿠오카 교외로 나가서도 한참을 달렸다. 제법 깊은 산 속까지 들어서자 일본의 전통 초가집인 가야부키(茅葺) 형태로 만든 '가야노야'가 나타났다. 무려 80t의 억새를 얹어 만든 대형 초가집이다. 외딴 곳에 선 대형 초가집은 자연에 한발 더 가까이 가려는 의지로 보였다. 도시에서는 계절에 따른 자연의 변화를 제대로 느끼기가 어렵기 때문이다.

문제는 교통이 불편한 여기까지 과연 사람들이 와줄까 하는 점이다. 걱정도 팔자였다. 가야노야는 주말에는 예약 없이는 식사할 수 없을 정도로 인기다. 최근에는 한국 관광객까지 많이 온다. 대체 이 곳까지 어떻게 알고 찾아오는 것일까.

가야노야가 초가집을 짓고 레스토랑 영업을 시작한 지는 불과 8년째다. 4년이라는 준비 기간을 거쳐 2005년에 후쿠오카 시 교외에서 탄생했다. 아무리 유기농이라고 해도 그렇지 겨우 8년 되는 레스토랑을 '백년의 맛'에서 다루다니…. 이유가 다 있다. 가야노야는 레스토랑보다 먼저 '가야노야 다시'로 한국에 알려졌다. 맛을 본 사람

일본의 전통 초가집 '가야부키'로 만든 '가야노야'

들을 통해 입소문이 나며 '가야노야 다시'는 후쿠오카 여행 갔을 때 꼭 사야 할 목록에 올랐다. 급기야는 국내에서 통신 판매로도 살 수 있게 되었다. "가야노야 다시 만드는 회사에서 하는 레스토랑에 가봤어?" 소문은 이렇게 난 것이다.

가야노야의 모기업 구바라혼케(久原本家) 그룹은 1893년에 '구바라 소유'라는 영세한 간장 공장으로 출발해 120년이 되었다. 현재는 종업원 400여 명을 두고 각종 소스와 명란, 자연식 반찬을 만드는 종합 식품회사로 성장했다.

제조업으로 성공한 회사가 손은 많이 가고 이윤은 박한 레스토랑을 어떻게 시작한 것일까, 다시 궁금해졌다. 구바라혼케 4대째 대표인 가와베 데츠지 씨는 "간장은 사람이 시간과 수고를 들여 만든다. 슬로푸드라는 말이 나오기 전부터 일본의 전통 음식은 슬로푸드였다. 우리는 사라지지 않을까 걱정이 되는 전통적인 식자재를 지키고 싶다. 특히 아이들에게 진짜 맛을 보여주고 싶다"고 밝혔다. 구바라혼케 사는 홋카이도산 명란 생산량이 점점 줄자 언젠가 명란이 없어질지 모른다는 위기의식을 가지게 되었다. 가와베 대표가 마침 이탈리아에서 일어난 슬로푸드 운동에 깊이 공감하며 직접 레스토랑을 열기로 했다. 그는 "간장 만들기는 우리 모두의 원점이다. 간장은 요리의 주역은 아니지만, 맛을 북돋아주는 소중한 존재인 것처럼 소재의 맛을 끌어내는 음식을 보여주고 싶었다"고 말했다.

가야노야 내부로 들어서니 전통의 운치를 그대로 간직한 외관과는 달리 홀 외에도 서양식 방 3개, 일본식 방 2개로 절충형이다. 요리도 일식을 바탕으로 서양식 등 다양한 방법으로 나온다. 전통과 현대의 만남, 이런 곳에서는 어떤 식사가 나올지 기대가 된다.

음식은 전부 코스 요리이다. 두 시간에 걸쳐 천천히 나오니 느긋하게 즐겨달라고 당부를 하고 간다. 어쩌면 우리가 한국에서 온 줄 알고 하는 이야기인지도 모르겠다. 사람들은 음식 나오는 시간이 좀 오래 걸리면 짜증을 내기 쉽다. 하지만 시간이 걸려야 깊은 맛과 풍부한 향기가 스며 나온다.

전채 뒤에 '대지의 은혜'라고 이름 붙은 수프가 나왔다. 우엉, 무, 당근 같은 뿌리채소를 햇볕에 건조한 뒤 갈아서 만들었다. 거친 촉감이 그대로 전달된다. 채소 껍질이나 씨도 통째로 사용해 재료가 살아 있는 느낌이다. 다음은 '나가노 할머니(후쿠오카의 요리 연구가)의 일품요리'. 계절마다 요리가 바뀐다니 제철 음식을 고집하는 것이다. 이때는 일본의 여름철 채소인 '고야'로 만든 조림이 나왔다. '나가노 할머니'의 사진이 레스토랑 입구에 걸려 있다. 레스토랑이 지역과 단단히 손을 잡았다는 느낌이 들었다. 음식의 즐거움을 배우고, 식생활에 도움이 되라는 뜻에서 요리강습회 및 농업체험 행사도 자주 연다.

일본의 여름철 채소
'고야'

　이날의 메인 요리로 '십곡나베'를 선택했다. '십곡나베'는 열 가지 곡식이 든 냄비 요리로 버섯과 돼지고기를 샤부샤부로 즐기는 방식이다. 돼지고기도 훌륭하지만 무엇보다 밥이 인상적이었다. 주문하면 그때부터 밥을 짓기 시작한다. 밥 냄새가 이렇게 좋은 줄 몰랐다. 다들 며칠 동안 밥 구경도 못 해본 사람들처럼 밥 냄새를 맡느라 정신이 없다. 오늘 아침에 도정한 쌀로 밥을 지었다고 한다.

　밥그릇은 이름난 사가 현의 아리타 도자기이다. 제대로 대접받은 밥에서는 반들반들한 윤기가 흐른다. 이 밥을 낫토가 들어가 있어 청국장 느낌이 났던 미소시루와 같이 먹었다. 밥상 위에 오른 하나하나의 생명을 시간을 들여 감사하며 먹었다.

맛? 이렇게 오랜 시간 정성을 들인 음식이 맛이 없다면 그게 이상한 일이 아닐까. 반찬 종류가 많고 푸짐한 한정식에 비하면 사실 소박한 밥상이다. 하지만 꼭 화려해야 좋은 게 아니었다. 자연의 맛을 느끼니 건강해지는 기분이 든다. 유기농 커피까지 천천히 맛보았다. 몸도 마음도 충만해진다.

식사를 마친 사람들은 어떻게 하면 여기서 먹은 음식과 같은 맛을 낼 수 있을지 궁금해한다. 레시피를 일러줘도 육수를 만드는 데 필요한 좋은 재료, 수고, 기술을 생각하면 별로 소용이 없다. 돌아가는 길에 '가야노야 다시'를 몇 개 사가는 편이 여러모로 낫다. 가야노야는 자체 수익보다 바르고 맛있는 음식을 만드는 곳이라는 사실을 알리는 데 더 의미를 두고 있었다.

가야노야의 지배인은 "가야노야는 재료비가 많이 들고 손도 많이 가서 수익 내기가 어렵다. 8년째 영업을 하고 있지만 2011년부터 겨우 적자를 면하는 수준이다"고 말했다. 동일본 지진으로 원전 문제가 제기되던 2011년부터 사람들이 먹거리에 민감하게 되면서 손님이 많이 늘었단다.

가야노야의 또 다른 계열사는 농업생산법인 '비덴(美田)'이다. 가와베 대표는 흙이 건강하지 않으면 안전하고 맛있는 작물이 자랄 수 없다고 생각해 흙을 만드는 일에도 나섰다. 비덴에서 좋은 흙으로 키운 채소는 가야노야로 오거나 구바라혼케 사의 제품을 만드는 데 사용된다. 기본이 중요하다는 이야기를 많이 하지만 흙 만들기부터 시작해서 식당을 하다니…. 그저 놀랍기만 하다.

구바라혼케는 이런 생각을 사람들과 공유하고 싶어 한다. 생각이 같은 지역 농가들과 네트워크를 형성해서 계약재배도 한다. 시간이 오래 걸려도 상관없다. 가와베 대표는 "제대로 된 제품을 만들면 고객들이 우리 고집을 알아줄 거라고 믿는다. 현재 창업 120년이지만 창업 200년을 내다보고 지역에 뿌리를 내려 진짜를 추구하는 회사가 되고 싶다"고 말했다. 백년대계도 아니고, 이백 년 대계를 꿈꾸는 회사, 믿음이 안 갈 수가 없다.

가야노야의 목표는 세 가지다. 첫째, 향토 요리를 지킨다. 둘째, 질 좋은 재료를 제공해주는 소규모 생산자를 응원한다. 셋째, 소비자와 아이들에게 미각 교육을 한다.

가야노야의 음식은 음식 본연의 자세를 생각하게 해주었다. 올바른 음식은 세상을 바꿀 수 있다는 깨우침을 주었다.

코스 요리 3천 675~1만 500엔. 영업 시간 오전 11시~오후 3시 30분. 오후 5시~오후 10시. 매주 수요일 휴무. 후쿠오카 현 가스야 군 히사야마 초 아노쿠시야 395-1(福岡県糟屋郡久山町猪野395-1). 092-976-2112.

냉면은 한국 고유의 면 요리다. 일본에서도 냉면이라 하면 한국의 냉면을 말한다. 그런데 일본 규슈의 벳푸에 한국의 냉면 말고 신기한 냉면이 있다는 게 아닌가. 모르면 모를까, 알고서 안 먹을 수는 없다.

벳푸 냉면의 기원은 일반적으로 '일제강점기 만주 어딘가'로 알려졌다. 지인의 소개로 냉면 전문점을 표방하는 '록세이(六盛)'라는 작은 가게에 갔다. 만원이라 입구의 대기표에 이름을 적고 가게 앞 놀이터에 앉아 30분가량 순번을 기다려야 했다.

어떻게 해서 벳푸에서 냉면을 팔게 된 것일까? 여러 가지 설이 있지만 록세이에서 내준 유인물에는 이렇게 유래를 소개한다. "일제강점기 무렵 조선의 국경과 가까운 만주에는 조선식의 식문화도 존재하고 있었다. 조선의 냉면도 만주에서 먹었던 것이다. 그 맛을 일본식으로 변형한 것이 벳푸 냉면이 되었다."

벳푸에는 야키니쿠집이 많아 냉면을 파는 가게도 꽤 있다. 하지만 벳푸의 야키니쿠집에서는 대부분 한국식 냉면에 가까운 냉면을 판다. 록세이처럼 벳푸 냉면을 취급

하는 가게는 극소수에 불과하다. 그래서 일본 라멘을 소개하는 방송 프로에도 록세이는 빠지지 않는다.

록세이의 메뉴에는 냉면부터 온면, 라멘, 중화 소바까지 있다. 냉면도 그렇지만 온면은 우리나라의 이북식 음식이 아닌가. 한·중·일 합작의 느낌이 물씬 난다.

벳푸 냉면의 면은 아주 질겨 뻣뻣하게 느껴질 정도다. 육수는 살짝 짜다. 맛국물로 맛을 낸 일본풍의 육수이다. 면과 육수로 볼 때 부산의 음식 밀면이 자꾸 연상된다. 하지만 고명으로 김치를 올려놓는 부분이 밀면과 결정적으로 다르다. 결국 냉면에 김치가 빠진 셈이어서 육수의 맛은 냉면처럼 맑지 않고 흐트러진 느낌이다. 벳푸 냉면을 먹을 때 일반 냉면을 생각하면 상당히 곤란하다. 이 집 사장은 "냉면은 한국 음식인데 대체 어떻게 해서 여기 냉면을 취재하러 왔느냐"고 퉁명스럽게 묻는다. 주인은 까칠한 듯했지만 기꺼이 기념촬영을 해준다. 다 같이 김치! 음식은 서로 영향을 주고받는다. 한국에도 고수가 들어간 연변 냉면까지 있다.

냉면 650~1천 엔. 오전 11시 반~
오후 2시. 오후 6시~8시. 매주 수요
일 휴무. 오이타 현 벳푸 시 마츠바
라마치 7-17(大分県 別府市松原町
7-17).

이야기

Part 3

경쟁 안 하는 빵집
만세이도

'이시무라 만세이도(石村萬盛堂)'를 찾아가며 얼마 전에 읽었던 기사를 떠올렸다. 동반성장위원회가 제과업종을 중소기업 적합업종으로 지정해 대기업 계열 제과점은 동네빵집 반경 500m 내에 새 점포를 낼 수 없게 되었다는 것이다. 또 대기업 계열 제과점은 한 해 신규매장도 현재 규모의 2% 이내에서만 낼 수 있게 되었다.

정책은 약자 보호 쪽으로 방향을 잡는 게 맞다. 대한제과협회에 따르면 동네빵집은 2000년 초반 1만 6천여 개에서 2012년 말 5천여 개로 줄었다. 대기업 프랜차이즈 빵집인 파리바게뜨(SPC)와 뚜레쥬르(CJ푸드빌)의 전국 가맹점 수가 각각 3천 200개와 1천 200개를 넘었으니, 동네빵집을 문 닫게 하는 주범으로 몰릴 만도 하다. 그 많은 동네빵집이 그대로 남아 있었다면 빵의 종류도, 거리의 간판도 지금보다 훨씬 다양해졌을 텐데….

그런데, 만약 이렇게 규제를 해도 동네빵집이 장사가 안 되면 어떻게 하나 걱정이 된다. 그건 아마도 동네 빵집의 가격과 품질이 소비자를 만족시키지 못했기 때문일 것이다.

프랜차이즈 규제도 좋지만 동네 빵집이 하루속히 경쟁력을 높여야 한다. 이시무라 만세이도의 사례에서 동네빵집의 살 길을 찾을 수

창업 때부터 만들어온
계란소면(위쪽)과
'학의 알' 과자(아래쪽)

가 있을까.

　규슈의 음식은 에도시대(1603~1867)에 통상수교 거부정책을 펼치
던 일본이 유일하게 나가사키에서만 교역을 허용했다는 사실을 모
르면 이해하기 어렵다. 이 시기에 정비된 나가사키와 기타큐슈의 고
쿠라(小倉)를 연결하는 228km의 '나가사키 가도(長崎街道)'는 지금도
일명 '슈가로드(Sugar Road)'라고 불린다.
　지방호족이나 외국인은 수도인 에도에 가기 위해 이 길을 이용했
다. 또 외국에서 수입된 설탕도 이 길을 따라 일본 전국에 운반됐다.
일본에는 그 전에 없었던 설탕을 이용해 과자를 만드는 방법도 이
길을 따라 전해졌다. 이에 따라 규슈 지역에서는 나가사키 카스텔라,
사가의 오기(小城) 양갱 같은 일본에서 전국적으로 유명한 과자가 잇
따라 생겨났다.

4대째 젠고 씨가 창업 당시 가게 사진을 들고 있다.

이시무라 만세이도(石村萬盛堂)도 이런 분위기 속에서 1905년 12월 25일 지금의 자리인 후쿠오카 시 스자키에 문을 열었다. 그 무렵 스자키에는 과자가게가 300개나 있었다. 항구 주변이라 왕래가 잦았고, 일본인 특유의 선물을 주고받는 문화 때문이었을 것이다. 하지만 지금은 만세이도를 제외하고는 그 많던 과자가게를 거의 찾아볼 수가 없다.

만세이도의 창업자 이시무라 젠타로 씨는 대대로 후쿠오카에서 목수 일을 해온 집안에서 태어났다. 그는 몸이 약해 목수 일을 할 수가 없자 과자를 만들어 신에게 바치겠다고 결심한다. 처음에는 고작 다섯 종류의 과자로 가게를 시작했다. 지금도 팔고 있는 노란색 국수처럼 생긴 과자인 '계란소면'이 그때부터 시작한 것이다. 계란소면에는 '남만도래(南蛮渡來)'라는 글자가 쓰여 있다. '남만'은 과거 일본에서 포르투갈과 스페인을 일컫는 말이다.

만세이도에서 파는 과자는 물론이고 가게 안팎에도 '학의 알' 모양 천지이다. 어찌 된 일일까. 후쿠오카의 지형은 하늘에서 보면 학이 날아오르는 모양과 닮았다. 젠타로 씨는 자신이 만드는 과자를 후쿠오카와 연관 지어 '학의 알'이라고 부르기로 했다. 과자 모양만 학의 알을 본뜬 게 아니라 과자 상자 역시 입체적으로 둥그스름하게 큰 알의 모양을 본떴다. 크기로만 따지면 공룡 알쯤 되어 보인다. 별다른 기술이 없던 시절, 젠타로 씨는 과자 상자에 둥그스름한 경사를 주기 위해 무릎 위에 종이를 올려놓고 만들었다.

창업자의 철학은 만세이도의 기업 이념이 되어서 100년 넘게 이어오고 있다. "다른 과자 가게와 경쟁하지 말고 대신 공부를 해라. 다른 사람들이 각이 진 과자를 만들면 우리는 둥근 것을 만들어 경쟁하지

최근 인기를 끌고 있는 아이스 마시멜로(오른쪽)

만세이도는 지금 대표인 3대째 젠고 씨를 맞아 비약적으로 발전하게 된다. 젠고 씨는 가업을 키우기로 하고 1978년 양과자 브랜드인 '봉 상크(Bon Cinq)'를 별도로 만들었다. 봉 상크는 프랑스어로 좋다는 뜻의 '봉(Bon)'과 자기 이름인 젠고(善五)의 '5(상크)'를 엮어서 만든 조어.

젠고 씨는 초콜릿을 사용한 쇼콜라 보아를 만든 뒤 결혼식용 과자로 사용해달라고 호텔로 가지고 갔다. 호텔 측에서는 "대체 무슨 생각으로 이런 과자를 가지고 왔느냐"면서 타박을 했다. 그때까지만 해도 결혼식 때 사용하는 과자는 전통적으로 좋다고 여겨지는 홍백색이어야만 했다. 하지만 젊은 세대들의 생각은 달랐다. 요즘 말로 대박이었다.

만세이도에도 고민은 있었다. 주로 달걀노른자를 사용해 과자를 만드는 탓에 남은 흰자위 처리가 늘 문제였다. 말랑말랑한 마시멜로 과자가 일본에 들어오자 만세이도는 흰자위를 활용해 마시멜로를 만들었다. 하지만 사람들은 아직 마시멜로를 잘 몰랐다. 젠고 씨는 어느 날 한 여성지에서 '여자가 남자에게 초콜릿을 선물하는 밸런타인데이만 있고, 여자가 선물을 받는 날은 없어서 불공평하다'는 글을 읽고는 무릎을 쳤다.

그는 백화점으로 찾아가 남자가 여자에게 받은 초콜릿을 되돌려주는 날을 만들자고 제안했다. 초콜릿은 속에 넣고 겉에는 마시멜로로 싸서 선물로 돌려주자는 제안이었다. 젠고 씨는 여자의 마음을 읽을 줄 아는 로맨티시스트였던 것이다. 그날을 언제로 할 것인가, 날짜를 함께 고민했다. 백화점 측이 연중 제일 식품이 안 팔리는 3월로 하자고 해서 3월 14일로 결정하게 되었다. 이때가 1977년, 화이트 데이는 처음에는 '마시멜로 데이'로 불렸다. 점차 다른 제과점도 가담해 마시멜로의 하얀 색깔을 따서 '화이트데이(white day)'라 이름이 바뀌게 되었다. 결국 1980년 전국과자공업협동조합이 제1회 기념 행사를 열고 대대적인 행사를 해서 오늘날의 화이트데이로 발전했다. 지금도 화이트데이가 가까워지면 트위터나 페이스북 같은 SNS에 '만세이도 때문에 괴롭다'는 글이 올라오곤 한단다.

최근 만세이도는 신제품인 아이스 마시멜로를 개발, '슈와리(守破離)'라는 브랜드를 새로 선보였다. 사전에서 찾으니 원래 '슈하리(守破離)'이며, 무도의 기본 가르침이다. 수(守)는 정해진 대로 움직이는 것이고, 파(破)는 응용의 단계, 리(離)는 자유로운 경지를 의미한다. 문득 우리나라의 동네빵집은 슈하리의 어느 단계쯤 될까, 궁금해진다.

젠고 씨의 아들로 영업전략실장을 맡은 신고 씨는 미국에서 경제학 공부를 했다. 그는 일본에서 가장 큰 광고회사인 덴츠를 거쳐 2012년 4월부터 만세이도에서 일하고 있다.

4대째를 이어갈 그의 각오를 들어봤다. "가업을 이어가는 것은 굉장히 어려운 일인 것 같다. 창업자 할아버지의 '공생하라, 남들과 경쟁하지 말라'는 말씀을 늘 가슴에 새기고 있다. 우리 집이 후쿠오카 사람들에게 마음의 고향이 되었으면 좋겠다."

유학파답게 그는 한국을 포함해 외국에 진출해 만세이도를 알리고 싶어 한다. 모르면 직원들에게 지시할 수도, 사람들에게 알릴 수도 없다. 그래서 과자 만드는 공부와 함께 한국어 공부도 하고 있다. 후쿠오카 이와타 백화점에서 판매하는 슈와리 아이스 마시멜로는 폭발적인 반응을 얻고 있었다. 아이스 마시멜로를 맛보았다. 차가워서 더 달콤한 마시멜로가 금세 입안에서 녹아 없어졌다.

만세이도에는 40년째 도장만 찍고 있는 직원이 있다. 또 규슈의 초특급 열차에도 고급 과자류 위주로 들어가기로 확정되었다. 만세이도, 남들과 생각이 달랐기 때문에 오늘이 있고, 또 내일이 있어 보였다.

본점 영업시간 오전 9시~오후 8시. 하카타 시 하카타 구 스자키2-1(福岡市博多区須崎2-1). 092-291-1592.

폐업 위기를 구한 아카우시동
이마킨 쇼쿠도

　　'위기는 기회다.' 자기 계발에 대한 강연에서 반드시 한 번은 등장할 것만 같은 교훈적인 '클리셰(진부한 상투어)'. 다른 신선한 표현이 없을까 궁리하느라 잠시 진땀을 흘렸지만, 헛수고다. '이마킨 쇼쿠도(いまきん食堂)'를 설명하기에 이보다 더 적당한 표현은 없다. '이마킨 쇼쿠도'는 일본 규슈 구마모토 현 아소 시의 작은 시골 마을 우치노마키에 있는 작은 식당이다. '100년 가까이 그저 그런 밥집(?)'으로 머물다, 최근 4~5년 사이에 새로운 전국구 맛집이 됐다. 그 사정을 듣다 보면 '위기는 기회다'라는 이 진부하기 짝이 없는 문장에 고개를 끄덕이게 된다.

　　이마킨 쇼쿠도의 겉모습은 마치 영화를 위해 지어진 세트장 일부 같다. 한마디로 꼬집을 순 없지만, 불필요한 것을 배제한 정갈한 분위기이다. "미안합니다. 잠시만 기다려주시겠습니까?" 오전 9시, 레슬링 선수라고 해도 손색이 없을 풍채에, 민머리의 젊은 사장인 이마무라 사토시 씨가 영업 준비를 하느라 분주하다. 조용히 식당 한쪽의 의자를 끌어당겨 앉아, 물을 끓이고 가게 앞을 쓰는 이 분주함이 빨리 끝나길 기다린다.

　실내를 두리번거리던 중, 나란히 걸려 있는 두 개의 액자에 눈이 멈췄다. 하나는 마이클 잭슨이 이곳을 방문했다는 친필 사인, 다른 하나는 일본의 유명 음식 사이트 '다베로그(食べログ)'에서 수여한 '베스트 런치 2012' 상패다. 이걸 보고는 더는 기다릴 수 없었다. "이 벽촌에 마이클 잭슨이 다녀갔어요?" "아뇨, 그거 가짜예요." 이마무라 씨가 직접 한 사인이란다. "왜 이런 짓을, 무슨 특별한 의미라도 있나요?" "그냥 재미있잖아요. 제가 마이클 잭슨을 좋아해요." '마이클 잭슨은 나도 좋아해. 그렇다고 가짜 사인 따위를 벽에 걸어두진 않아'라며 되받아주고 싶었지만, 그게 중요한 게 아닌 것 같아 참는다. "그래도 그 옆의 상패는 진짜예요." '그런 걸 가짜로 만들어 걸어놨다간 사기죄로 잡혀들어가, 이 사람아'라고 되받아주고 싶었지만, 또 참는다. 보통 사람은 아니다. 이마킨 쇼쿠도 4대째 사장의 첫인상이다.

　이마킨 쇼쿠도는 현 사장의 증조부인 이마무라 킨타로 씨가 1910년에 문을 열었다. 식당 이름의 '이마킨'은 창업자 '이마무라 킨타로'의 줄임말, '쇼쿠도'는 '식당'의 일본식 발음이다. '이마킨 쇼쿠도'는 원래 쇼와야키(일본식 돼지 구이) 정식이나 돈가스 정식 등을 파는 전형적인 시골 밥집이었다. 아니, '원래'란 말은 필요 없겠다. 지금도 여전히 그러니까. 한 가지 메뉴만 제외하면 말이다. 지난 100년간 '쨍하고 해 뜰 날' 한 번 제대로 없었던 '이마킨 쇼쿠도'가 인터넷 유명 음식 사이트로부터 '베스트 런치'에 선정될 만큼 유명해진 것은, 8년 전 그 '한 가지'가 메뉴에 추가되면서부터다.

　이마킨 쇼쿠도를 전국구 식당 반열에 올려놓은 영웅은 '아카우시동(あかうし丼)'. 우리말로 옮기면 '붉은 소고기덮밥'이 되겠다. 현 4대째 사장의 작품이다. '소고기덮밥'이라면 '규동(牛丼)'이라고 읽고 쓰는 것이 보통인데, 이 사장은 괜히 '우시동(うし丼)'이라고 했다. '우시'는 순수 일본어로 '소'를 일컫는 단어. 반면 '규'는 우리나라의 한자어 '우(牛)'의 일본식 발음이다. '규동'을 '우시동'이라고 부르는 것은, 마치 우리말 '한우(韓牛)'를 '한소'라고 부르겠다고 우기는 것과 마찬가지인 셈이다. 역시 보통 사람은 아닌 것 같다.

난세가 영웅을 만든다고 했다. 아카우시동의 탄생 배경도 마찬가지였다. 긴 세월 동안 특별하게 흥(興)한 것도 아니었지만, 그렇다고 망(亡)할 지경까지도 이르진 않았던 이마킨 쇼쿠도였다. 그러나 8년 전 통합 아소 시의 탄생은 이마킨 쇼쿠도를 벼랑 끝으로 몰고 갔다. 누구도 예상하지 못했던 불똥이었다. 원래 아소 시는 아소마치와 이치노미야마치, 나미노무라 등 3개의 다른 행정구역이었다. 이마킨 쇼쿠도가 위치한 우치노마키는 아소마치에 속한 마을이다.

그러던 것이 지난 2005년 세 개의 행정구역이 통합돼 아소 시라는 큰 도시가 생겨났다. 문제는 우치노마키에 있던 아소마치의 관청도 대부분 이치노미야마치에 새로 생긴 아소 시청의 부서로 흡수된 것. 관청에서 일하던 사람들도 함께 이동한 것은 두말하면 잔소리다.

"300명이 넘는 공무원들이 다른 동네로 가버렸죠. 관청이 없어지니, 관련 업종에 종사하는 작은 회사도 하나둘 사라지더군요. 그 사람들을 상대로 한 식당으로선 치명타였지요."

살아남기 위해서는 뭔가를 해야 했다. 그것이 바로 신메뉴의 개발이다. "우리 동네에 사람이 줄었다면, 먼 곳의 사람들에게 팔아야 한다고 생각했어요. 멀리서도 일부러 찾아와 먹을 만한 메뉴가 필요했죠." 지역의 특산물을 이용한 음식이라면 더 좋을 듯했다. 그래서 생각한 것이 바로 아소의 특산물 '아카우시'였다. 붉은 소, 우리나라의

황소와 닮았다.

아카우시는 기름기가 적다. 단맛이 덜한 대신 담백한 맛이 특징. 여기까지는 좋다. 아카우시는 일본의 여타 유명한 소고기에 비해 질기다. 요즘 흔히 말하는 마블링도 그다지 훌륭하지 않다. 이걸 어떻게 해야 하나? 고민 끝에 내린 결론은 '밥과 함께 먹으면 좋겠다'는 것이었다. 이유는? 솔직히 딱 부러지는 이유도 없어 보였다.

"뭐랄까, 다른 와규와 겨뤄 이길 수 있을까, 주저하게 되더라고요. 그래서 소고기만을 내세우는 것보다 밥과 함께 먹게 하는 구성이 좋겠다 싶어서…" 아카우시의 부족한 점을 최대한 감추기 위해서는 밥맛 속에 소고기의 맛을 숨겨버리겠다는 말일까. "밥과 함께 먹는 구성이라면 가장 먼저 떠오르는 것이 돈부리(덮밥)였어요. 게다가 이곳은 시골이다 보니 밤이 빨리 와서 낮 장사만 합니다. 바쁜 점심시간에 손쉽게 빨리 먹을 수 있는 메뉴라면 역시 돈부리지요."

아카우시동이 나왔다. '규동'이 아니라 '우시동'인지 척 봐도 알 수 있을 것 같다. 보통 규동은 얇게 썬 소고기를 양파와 함께 볶은 후 맛술, 간장 등을 보태 자작한 국물을 내어 조린다. 그걸 밥 위에 얹으면 완성. 이마무라 사장은 소고기를 스테이크처럼 굽는 방법을 선택했다. 그 위에 이마킨 특제 미소를 보탠다.

고기 크기부터 보는 사람을 압도한다. 일반 명함보다 조금 작은 크기의 스테이크 10여 점이 따뜻한 밥 위에 누워 있다. 고기 한 점의 두께도 족히 1cm는 되어 보인다. 여기서 잠깐. 돈부리를 먹을 때 유의해야 할 점이 있다. 밥의 양과 밥 위에 올려진 음식(그것이 돈카츠이면 '가츠동', 소고기이면 '규동'이 된다)의 양을 잘 조절해야 한다. 이 둘의 줄어드는 템포가 비슷해야 마지막에 어느 하나가 남는 불상사가 없다. 한국 사람들은 밥 위의 음식이 맛있다고 반찬 먹듯 먹다가 나중에 맨밥만 먹어야 하는 위기에 봉착하기가 다반사다. 그런데, 아카우시동이라면 그럴 걱정은 없다. 일단 푸짐하다. 이 정도면 누구라도 일반 규동 취급은 하고 싶지 않겠다.

레어 정도로 살짝 구워낸 소고기의 표면을 다시 자른다. 그렇게 해서 나온 속살만 사용한다. 잘라낸 표면은 특제 미소를 만드는 데 사용한다. 기름기가 적은 아카우시이지만, 그렇게 구워내니 육즙이 웬만큼 배어 나와 밥과 함께 섞이는 느낌이 부드럽다. 다소 쫄깃하게 씹히는 식감이 오히려 밥이랑 더 어울린다. 그런 게 있다. 라면을 먹을 때 김치를 함께 먹는 것은, 김치 맛도 맛이지만 김치의 사각사각한 식감이 면 맛을 더 풍부하게 하기 때문. 마찬가지로 너무 부드러워 녹아버리는 소고기보다 이 정도 식감의 소고기가 밥에 더 어울린다. 알고 보니 아카우시의 부위 중에서도 일부러 조금 더 질긴 다리 살을 사용한다. 이래서 아카우시를 밥이랑 먹으면 좋겠다고 했구나.

미소를 찍어 고기를 먹어본다. 미소 향이 일반적인 일본 미소보다 강해 우리 쌈장의 느낌과 비슷하다. 특히 마늘과 생강이 들어가 한국인의 입맛에 더 친숙하다. 이마킨 쇼쿠도 특제 미소 또한 반응이 좋아, 따로 포장해 판매도 한다.

맛있는 음식에 대한 입소문은 '인간 총알' 우사인 볼트보다 빠르다. 소문은 바람을 타고 솔솔 규슈로, 전국으로 퍼져 나갔다. 2~3년 만에 이마킨 쇼쿠도는 전국구 맛집으로 자리매김한다. 현재 주말이면 하루 손님만 500명이 넘는다. 일일이 손님들의 출신을 물어보지는 않으니 어디 출신인지는 몰라도 상당수가 외지인들이고, 99%가 아카우시동을 주문한다. 주말이면 2시간을 기다리는 것은 기본이다.

오전 9시에 방문해 30분 정도 취재를 하고는 아카우시동을 먹었다. 사장과 차를 한잔 하며 못 다한 취재를 계속하는 도중, 누군가 가게 문을 열고 들어온다. "몇 시부터 점심이 가능하나요?" 아직 오

전 10시다. "오전11시부터 가능합니다. 죄송하지만 밖에서 기다려주시겠습니까?" 눈을 돌려 문밖을 보니 이미 몇 명의 사람들이 문 앞에 줄을 서 있다. 어이, 아직 오전 10시라니까!

자영업을 하는 분이라면 힘들 때 '그냥 접어버릴까'라는 생각 한 번씩은 해보았을 것이다. 매출이 오르지 않으면, 다른 종목에 눈이 가는 게 인지상정이다. 실제로 그렇게 다른 업종으로 갈아타는 분도 많다. 물론 정답은 없다. 시류에 맞춰 옮겨 다니는 것을 나쁘다고만 볼 수도 없다. 그러나 다른 종목이라고 순탄하기만 할까? 때로는 이 마킨 쇼쿠도처럼 문제의 원인을 제대로 보고, 정면돌파로 위기를 극복하는 것도 방법이 된다. 어찌 보면 지극히 단순하다. 식당 주변의 손님이 줄어들면, 먼 곳의 손님을 불러오면 된다. 이것이 '이마킨 쇼쿠도' 아카우시동의 시작이다.

난세다. 경기 침체 이야기는 이제 지겨울 정도다. 자영업자의 폐업 비율이 85%나 된다고 한다. 영웅은 난세가 만든다지만, 난세를 살아가는 모두가 영웅이 되는 것은 아니다. 위기를 어떻게 극복하느냐가 관건이다. 그 방법까지야 감히 이야기할 수 없지만, 이것만은 확실하다. 위기는 기회다.

아카우시동 1천 200엔. 영업시간 오전 11시부터. 마지막 주문 오후 2시 30분. 매주 월요일 휴무. 구마모토 현 아소 시 우치노마키 366-2(熊本県阿蘇市內牧366-2). 0947-32-0032.

영향을 주고받는 곱창전골
만주야

후쿠오카에 몇 번 다녀온 사람은 후쿠오카는 외국 같은 느낌이 들지 않는다고 말한다. 사실 후쿠오카는 부산에서 출발하면 비행시간이 채 한 시간도 되지 않을 만큼 가깝다. 후쿠오카에서는 어딜 가더라도 한글 표기가 잘 되어 있다. 시내버스를 타면 우리말 안내 방송까지 나온다. 후쿠오카에 가면 마치 오래전부터 알고 지내온 익숙한 느낌이 드는 것은 단지 그런 이유였을까.

후쿠오카의 3대 지방 요리로 하카타 라멘(돈코츠 라멘), 멘타이코(명란젓), 그리고 모쯔나베가 꼽힌다. 공교롭게도 이 세 가지 음식이 모두 부산과 연관을 맺고 있다. 진한 돼지 사골 육수를 사용하는 돈코츠 라멘은 부산의 대표 음식인 돼지국밥과 무척이나 흡사하다. 큰 틀에서 말하자면 돼지국밥에는 밥, 돈코츠 라멘에는 라멘을 넣었다는 차이점만 있을 뿐이다. 멘타이코를 맨 처음 만든 '후쿠야'는 창업자가 부산에서 명란젓을 처음 보고 아이디어를 얻었다고 밝히고 있다.(멘타이코의 이야기는 뒤에서 자세히 다룰 예정이다.)

또 모쯔나베는 우리나라 곱창 전골과 아주 흡사하다. 그래서인지 모쯔나베 역시 한국이 원류라는 주장을 하는 사람도 많고, 이런 주장은 상당히 설득력 있게 들린다. 모쯔나베 하나로 69년을 이어온

'만주야(万十屋)'에 가면 좀 더 자세한 이야기를 들을 수 있지 않을까 기대가 되었다.

취재를 하러 가기 전에 들은 모쯔나베에 관한 이야기는 이렇다. "모쯔나베는 모츠(내장)를 주재료로 한 나베모노(鍋物·일본의 냄비 요리)의 일종이다. 원래 일본에서는 곱창을 먹지 않았다. 후쿠오카에서 처음으로 먹기 시작해 미용에 좋다는 소문이 나면서 일본 전역으로 퍼져 나갔다. 그래서 지금도 특히 여성들에게 인기가 있다." 여성들이 곱창을 더 잘 먹는다는 대목에서 '초식남(초식동물처럼 온순하고 착한 남자)'이라는 단어가 떠올랐다.

후쿠오카 시내에서 버스를 타고 30분가량 달려 타무라(田村) 버스 정류장에서 내렸다. 거기서 10분 정도 걸으니 '만주야(万十屋)'가 보이기 시작한다. 만주야 앞에는 논과 밭까지 있어서 마치 시골에라도 온 것 같은 느낌이다.

만주야에 들어서자 입구에 일본의 유명 주간지 〈주간 문춘〉에서 만주야를 모쯔나베 일본 전국 랭킹 1위로 꼽은 2011년 12월자 기사가 보인다. 만주야는 전통뿐만이 아니라 맛으로도 인정을 받고 있는 모양이다. 모쯔나베가 한국식 곱창 전골과는 어떻게 맛이 다를지 궁금해지기 시작한다.

만주야의 다리유지 점장이 이미 양념된 내장이 든 도자기 항아리와 채소를 들고 왔다. 돌솥 냄비에다 소장, 대창, 간, 천엽 등이 섞인 모쯔를 올렸다. 다음으로 양파, 양배추, 버섯, 파, 홍고추 등 채소를 차례로 올린 뒤 끓인다. 이윽고 구수한 냄새가 진동을 하기 시작한다. 모츠는 다소 느끼하게 생긴 모양과는 달리 달콤한 맛을 입안에

전했다. 모츠의 지방에서 나온 감칠맛과 채소에서 나온 단맛이 마리
아주(음식궁합)를 이룬 덕분이다. 100% 일본산 재료로 된 모츠에 포
함된 콜라겐은 양배추와 최고의 궁합을 이룬다.

시어머니에 이어 2대째 만주야를 맡고 있는 마츠구마 사치코 대
표는 필자가 부산에서 왔다는 이야기를 듣고는 반가워하며 이야기
를 꺼냈다.

"우리는 부산에서 온 안홍성 씨 덕을 크게 보았다. 돌솥 냄비를 쓰
기 이전에는 알루미늄이나 철판을 사용했다. 안 씨가 30여 년 전에
돌솥을 가져다준 다음부터 장사가 잘 되어 이곳에 가게를 크게 신축
하게 되었다. 안 씨의 결혼식에도 갔는데 언젠가부터 연락이 끊겨서
안타깝다. 안 씨를 꼭 좀 찾아달라."

당시 대학생 신분이던 안 씨는 돌솥 수십 개를 만주야에 갖다 주
기 위해 후쿠오카에 왔다. 후쿠오카 세관은 처음 보는 돌덩이 수십
개를 의아하게 생각해 통관을 시켜주지 않았다. 할 수 없이 사치코
씨가 세관에 찾아가 전후 사정 설명을 하고 안 씨를 데려왔다는 일
화를 전한다.

곱돌로 만든 돌솥에 밥을 지으면 뜸이 고르게 든다. 게다가 타지
도 않으며 밥이 쉽게 식지 않는 장점이 있다. 돌솥은 보온의 정도가
고르기 때문에 전골냄비로도 사용한다. 한국산 돌솥이라는 신무기
는 만주야에 날개를 달아주었다.

사치코 대표가 말하는 '만주야'라는 상호의 유래도 아주 의외였
다. 사치코 대표의 시어머니인 하츠코 씨는 원래 만주(일본의 생과자로
팥소빵 따위) 장사로 생계를 유지했다. 하지만 전쟁 직후에 식재료가
없어 만주조차 못 만들 처지가 되었다. 할 수 없이 모두가 먹지 않고

버리던 소 내장이라도 팔아야겠다는 생각을 하게 되었단다. 지금의 만주야 자리에서 1.5km 떨어진 판잣집에서 모쯔나베 장사를 시작했다. 다들 먹을 게 너무 없던 시절 덕분이었을 것이다. 모츠는 버리는 음식이라는 거부감 없이 히트를 하고 말았다. 만주에서 모쯔나베로 업종이 바뀌었지만 '만주야'라는 가게 이름은 그렇게 이어졌다.

모츠를 건져 먹고 나서는 남은 육수에다 짬뽕 면을 넣어서 먹는다. 우동이나 소바가 아닌 짬뽕 면을 넣어 먹는 게 후쿠오카 스타일이다. 짬뽕 면 뒤에는 남은 육수에다 밥과 계란 노른자를 넣고 볶는다. 이걸 두고 일본 손님에게는 '야키메시', 한국 손님에게는 '비빔밥'이라고 소개했다.(비빔밥보다는 볶음밥이 적합한 표현인 것 같다.) 너무나도 익숙한 스타일에 "혹시 한국의 조리법에 영향을 받은 게 아니냐"고 물었다. 하지만 사치코 씨는 "곱창을 씻는 것까지 전부 어머니가 개발했다"고 고개를 젓는다.

(왼쪽부터)다리유지 점장, 2대째인 사치코 대표, 며느리 에츠코씨(왼쪽)와 미도리 초친(오른쪽)

가게 일은 며느리 마츠구마 에츠코 씨가 돕는다. 에츠코 씨는 중학교 교사를 하다가 그만두었다. 그런데 만주야에서는 요리부터 접대까지 며느리 에츠코 씨보다 다리유지 점장의 비중이 커 보였다. 사치코 대표는 "우리 집은 아들을 바꾸었다"고 웃으며 이야기했다. 다리유지 점장은 여기서 근무한 지 24년이 되었다.

다리유지 씨는 사치코 대표의 장남과 대학교 때 친구였다. 둘은 만날 같이 놀았고, 다리유지 씨는 가게 2층에서 걸핏하면 잠까지 자고 가는 친한 사이였다. 그는 법학이 전공이었지만 공부에는 별 취미가 없어 대학 4년 동안 계속 야키도리 집에서 아르바이트했다. 졸업 후에 사치코 대표의 장남은 교사가 되었고, 점장은 아예 음식점에 취직해 정직원이 되어서 일을 했다. 사치코 대표는 가게를 물려주려고 했던 장남이 사업에 전혀 관심을 보이지 않자 다리유지 씨에게 와서 일해달라고 부탁했다. 다리유지 씨는 "친한 친구 엄마이니 엄마와 아들 관계나 마찬가지다. 계속 공부했으면 오사카 시장처럼 되었을지도 모르는데…"라고 말하며 웃는다. 아무리 부모가 원해도 자식이 싫다고 하면 부모 입장에서도 어쩔 수 없다. 한국이나 일본이나 어딜 가도 자식 이기는 부모는 없다.

만주야에서 나올 때 가게에 걸어둔 '미도리 초친(綠提灯)'이 눈에 띄었다. '미도리 초친'이란 일본산 식품을 많이 사용하는 가게를 응원하자는 운동으로 2005년부터 시작되었다.

50% 이상 일본산 재료를 사용하는 음식점에 녹색 별을 하나부터 다섯까지 붙일 수 있다. 만주야는 별 다섯 개, 90% 이상 일본산 재료를 쓰고 있다는 뜻이다. 다리우지 점장이 적극적으로 참여하자고 했다. 현재 전국 3천 개 가입 업소 가운데 열 손가락 안에 들 정도로 빨

리 가입을 했단다. 에츠코 씨는 20대인 두 딸이 한국에 흠뻑 빠져 있다는 이야기를 전했다. 작은딸은 교환학생으로 서울의 한 대학에 가 있다고 한다.

모츠나베는 한국의 전골 요리와 많이 닮아 있었다. 게다가 만주야 모츠나베의 성공에는 한국의 영향이 컸다. 한국이 모츠나베의 원조라고 마음속으로 결론을 내리려는 순간이었다. 우리가 흔히 사용하는 '냄비'라는 단어의 어원이 일본어 나베(なべ)에서 왔다는 이야기가 생각났다. 망설이다 결론을 살짝 바꾸기로 했다. 음식이나 사람이나 서로 영향을 주고받는다. 그것 이상의 진리가 있을까.

모쯔나베 1인분 1천 260엔. 영업시간 오전 11시30분~오후 10시. 매주 월요일 휴무. 후쿠오카 시 사와라쿠 타무라 1-12-10(福岡市早良区田村 1-12-10). 092-801-4399.

도미 오차즈케 하나로 300년
와카에야

같은 규슈에 있어도 오이타(大分) 현은 모르는 사람이 많다. 벳푸나 유후인 온천이 있는 현이라면 그제야 좀 알겠다는 표정이다. 오이타는 온천의 원천수 용출량이 일본에서 1위를 차지한다. 오이타 현 북동부에 있는 기츠키(杵築) 시는 '작은 교토'라고도 불리며, 전통적인 일본 거리의 모습이 지금도 남아 있다.

불원천리, 이곳까지 달려간 이유는 물에 만 밥 한 그릇 때문이었다. 일본에는 '오차즈케(お茶漬)'라고, 밥을 차에 말아 먹는 독특한 음식이 있다. 단조로운 맛을 보완하기 위해 오차즈케에는 다양한 재료를 첨가해서 먹기도 한다. 김을 넣으면 노리차즈케, 고추냉이를 넣으면 와사비차즈케, 도미를 넣으면 다이차즈케라는 식이다.

우리와 일본의 식문화가 아무리 달라도 오차즈케는 물에 만 밥에 불과하다. 일본에서도 오차즈케 본래의 모습은 시간이나 반찬이 없을 때 한 끼를 때우는 용도로 먹는 것이다. 그런데 기츠키에는 '다이차즈케(鯛茶漬け · 도미 오차즈케)' 단 하나의 메뉴로 300년 넘게 영업해오는 향토 음식점이 있다는 게 아닌가. 300년 전의 맛이라니….

'와카에야(若栄屋)'는 에도 시대 중기인 1698년 '오오타니'라는 이름으로 창업을 했다. 이 오래된 노포가 메이지 시대 들어서 영주로부터 '젊은 가게'라는 역설적인 의미의 '와카에'라는 이름을 하사받고 상호가 바뀌게 된다. 가게 입구에는 음식 만화 『맛의 달인』에 이 집의 다이차즈케가 나온 장면을 확대 복사해 걸어놓았다. 『맛의 달인』은 일본에서 무려 1억 2천만 권 이상 팔렸고, 우리나라에도 번역 출간되어 인기를 끌고 있다. 일본 사람들은 이 만화에 나오는 내용이라면 무조건 다 믿는단다. 자기가 좋아하는 책에 소개된 음식이 나오는 집이라면 아마도 성지 순례하는 기분까지 들지 않을까.

16대 당주 고토 겐타로 대표

자신을 16대 당주로 소개하는 와카에야의 고토 겐타로 대표를 만났다. 와카에야는 14대 당주가 갑자기 죽어서 가게 문을 닫을 위기도 있었다. 그때 당주의 동생인 고토 대표의 부친이 나섰지만 1년 만에 못하겠다고 손을 들어, 2005년부터 고토 대표가 당주를 맡았다.

차림표에는 다이차즈케 요리의 이름이 '우레시노(うれしの)'로 되어 있다. 고토 대표는 먼저 우레시노의 유래에 대해 설명한다. "1850년에 선조가 지금처럼 도미 회에 깨를 뿌리고 간장을 부어 양념한 뒤 녹차를 부어 영주에게 올렸다. 영주는 '우레시노(기쁘다)'라면서 맛있게 드셨다고 한다." 와카에야에 들어와 우레시노를 시키는 순간, 사람들은 영주가 된 마음으로 기쁘게 먹을 준비가 된 것이다.

알고 보니 일본인에게 도미를 넣은 다이차즈케는 상당히 특별한 의미가 있다. 일본에서는 생선을 식탁에 많이 올리지만 특히 빨간색이 짙은 도미를 좋아한다. 우리말에 '썩어도 준치'라고 하듯이, 일본에는 '상해서 냄새가 나도 역시 도미'라는 말이 있을 정도이다. 귀한 생선인 도미는 옛날부터 영주에게 많이 바쳤다. 도미는 결혼식 피로연을 비롯해 축하하는 연회 자리에는 없어서는 안 될 식재료다.

가격에 비해 무척 소박한 차림이다. 찬이라고는 자왕무시(일본식 계란찜) 하나밖에 없다. 물론 더 잘 먹겠다면 가이세키 코스 요리가 있긴 하다. 상차림으로 보아 다이차즈케 요리법은 아주 간단해 보인다. 도미살을 얇게 저미서 참깨 소스에 재운 다음에 밥 위에 끼얹으면 끝이다.

종업원이 나와서 다이차즈케에 녹차를 부어준다. 생선을 물에 말아 먹으니 비리지 않을까 걱정했는데, 그건 정말 오해였다. 부드러운 도미 살은 참깨 소스의 풍미를 입고는 감칠맛을 냈다. 이 고소한 맛을 어떻게 표현해야 할까. 누군가 "오차즈케라기보다 순한 참깨수프 같다"는 말을 했다. 부드러운 도미 살이 살살 녹는 다이차즈케, 전복죽 먹듯이 금세 훌훌 마셔버렸다. 먹고 나니 몸에 기운이 솟고, 기분 좋은 뒷맛이 오래오래 남는다. 맛으로 볼 때 300년간 내려올 만하고, 이역만리에서도 찾아올 만하다.

와카에야에는 한국을 비롯해 오차즈케를 처음 보는 외국인도 많이 온다. 비록 처음이지만 예전에 왕이나 영주만 먹을 수 있던 요리라고 설명해주면 아주 좋아하며 잘 먹는단다. 스토리를 알고 먹으면 더 맛이 있다.

우레시노 맛의 비결은 참깨 소스에 있는 듯했다. 참깨 소스에는

うれしいの ©
「うれしいのう」
若栄屋
大分県杵築市
茶漬けを
上がった際に、
喜ばれた事から
の名が付けられました
天の伝統
けております

깨, 간장, 그리고 비밀의 재료 하나가 더 들어간다. 와카에야에서도 고토 대표만이 이 소스를 만들 수 있다. 혼자만 소스를 만드는 이유에 대해서는 "여러 명이 하면 맛이 달라질 수 있어서 그렇다"며 슬쩍 둘러댄다.

그런데 다이차즈케의 맛이 항상 똑같지는 않았단다. 1945년 일본이 패전한 직후에는 사람들이 짠맛을 선호해 다이차즈케도 짜게 만들었다. 그러다 시간이 지나서 원래 맛으로 되돌아왔다. 1971년 컵라면이 개발되어 인기를 끌었을 때에도 사람들이 조미료 맛에 익숙해진 탓에 싱겁다고 해서 짜게 만들었다. 역시나 이때도 얼마 지나지 않아 옛 맛으로 돌아왔단다. 와카에야는 자기 맛을 무조건 고집하기보다 시대와 사람들 입맛에 맞춰 유연하게 대처한 덕분에 수백 년간 장수할 수 있지 않았을까.

메뉴가 하나밖에 없으면 그만큼 위험도 클 수밖에 없다. 와카에야에도 위기는 찾아왔다. 2008년 리먼 쇼크로 세계 경제 위기가 왔을 당시, 와카에야 역시 손님이 줄며 매출이 급감했다. 와카에야는 그동안 전통을 지켜가며 지역에서 판매하면 그만이라고 생각했다. 고토 대표는 이때 "이렇게 전통이 오래된 다이차즈케 가게는 우리밖에 없다고 마음을 놓았는데 이대로 가다가는 문을 닫을 수도 있겠다"고 크게 깨달았다. 그는 '한 개뿐인 다리'를 2~3개로 넓히겠다고 결심한다. 이때부터 여행사에 찾아가 와카에야를 방문해달라고 홍보하기 시작했다.

무엇보다 큰 결실은 2년간 각고의 연구를 거쳐 개발한 우레시노 냉동 패키지(4인분에 6천 800엔) 상품이었다. 와카에야를 찾은 손님들은 집에 있는 가족들을 생각하며 선물용으로 이 상품을 많이 구매했다. 백화점의 지역 특산물전에도 열심히 참가해 우레시노를 알렸다. 그동안 없던 신규 매출이 만들어지며 아주 튼튼한 다리 하나가 더 생긴 것이다. 앞으로의 계획은 이 냉동 상품을 해외의 백화점에도 보내는 것이란다.

고토 대표는 와카에야에서 일하기 전에는 대학에서 컴퓨터를 전공하고 호텔에서 근무했다. 그는 자신의 변신에 대해 "요리만 했던 사람이 당주가 되었으면 더 잘할 수도 있었을 것이다. 하지만 내 경우는 다른 일을 했던 것이 아주 큰 도움이 되었다"고 말한다. 와카에야의 홈페이지 구축, 인터넷 주문, 메뉴 디자인 등은 모두 그의 솜씨이다.

그는 와카에야가 살아남은 가장 큰 이유를 지역 주민의 공으로

돌렸다. "오늘날의 와카에야는 지역 주민이 만들어준 것이다. 지역
주민이 먹어주지 않았더라면 와카에야는 없었다"고 말한다.

16대까지 이어 왔으니 그의 자식은 어쩔 수 없이 가업을 이어야
하는 게 아닐까. 그는 "노력을 안 하면 노력을 하는 사람에게 밀린
다. 자식이 정말 하고 싶어서 찾아오면 모를까…"라고 말한다. 다
이차즈케 생각만 하면 지금도 입에 침이 고인다. 단순한 것이 최고
다.(Simple is the best.)

1인분 1천 800엔. 영업시간 오
전 11시~오후 9시. 오이타 현 기
츠키 시 기타하마 665-429(大分
県杵築市杵築665-429). 0978-
63-5555.

스토리가 힘이다
도요토미 이야기

　　도요토미 히데요시. 한국 사람에게 비호감 순위를 따진다면 분명 앞자리를 차지할 사람이다. 일본 국내 문제를 잠재우려 애꿎은 이웃 나라 뺨을 때렸다. 당시 일본은 전국시대였고, 이웃 나라는 바로 조선이다. 도요토미가 일으킨 전쟁으로 한반도는 거의 초토화됐다. 그로부터 400년이 훨씬 지난 지금, 취재로 들른 규슈 사가 현 가라츠 시에서 지겹도록 도요토미 히데요시의 이름을 들어야만 했다. 먹거리 이야기를 할 때에도 도요토미는 빠지질 않았다. 앞서도 이야기한 바 있지만, 가라츠는 임진왜란 당시 일본군이 바다를 건너기 위해 집결한 곳. 도요토미는 전쟁 준비뿐만 아니라 먹거리에도 관심이 많았나 보다. 이른바 미식가라고나 할까. 결국 음식 이야기이지만, 우리 한국인에겐 그다지 유쾌한 이야기는 아니다. 그러나 유쾌한 이야기만 골라서 들을 수는 없는 일. 뼈를 깎는 아픔(?)으로 도요토미의 일화와 관련된 세 개의 음식을 모아봤다. 이른바 '도요토미 시리즈'다.

케에란(けえらん)

　'케에란'이라는 먹거리를 간단히 소개하자면 '팥소의 떡 말이' 정도라고 해야겠다. 우선 멥쌀을 곱게 빻아 떡을 만든다. 그 떡을 넓게 펴서 팥소를 얹어 말아놓은 것이다. 이 간단한 먹거리가 가라츠의 명물이 됐다. 그리고 그 과정에는 도요토미 히데요시가 있다.

　시간을 거슬러 도요토미가 조선 침략을 위해 가라츠에 머물고 있을 때의 일이다. 하루는 전쟁의 승리를 기원하기 위해 하마타마마치라는 지역의 스와(諏訪) 신사에 들렀다. 이때 이 지역 사람들이 평소 즐겨 만들어 먹던 음식을 도요토미에게 바친다. 한 입 베어 먹은 도요토미는 그 맛에 반해 감정이 격앙된 나머지 호기롭게 "전쟁에서 이길 때까지 돌아오지 않겠다"고 말했다고 한다. 당시 도요토미가 했던 그 말의 발음 '케에란(돌아오지 않겠다)!'이 과자 명칭의 유래가 됐다.

　현재 스와 신사 주변에는 오래된 케에란 점포들이 늘어서 있다.

그중 가장 '유명하다(엄밀히 말하자면 현지 사람마다 취향은 다르다)'고 알려진 '원조 이토(伊藤) 케에란'에 들렀다. '이토 케에란'은 120년 전 이곳에 가게를 열었다. 가게가 생기기 전에도 이토 가(家)는 난전에서 케에란을 만들어 팔았다고 한다. 그 역사까지 치면 400년 이상이다. 지금은 이곳 말고도 가라츠 시내에 점포 하나를 더 두고 있다.

'이토 케에란'의 케에란을 먹어보면 부드러운 떡과 단맛의 팥소가 굉장히 잘 어울린다. 팥소가 아주 달다고는 말하기 어렵다. 수분도 다른 팥소에 비해 적다. 약간 건조한 느낌. 그런데 약간 덜 달고 건조한 그 맛이 떡의 부드러움과 어우러져 오히려 한 입 더 베어먹게 한다. 질리지도 않는다. 왠지 어디선가 먹어본 듯한 맛이다. 화려하지 않고 소박한 그 맛은, 한국인의 입에도 옛 맛을 느끼게 하는 무언가가 있다.

'이토 케에란'의 영업 방침을 보면 '효율성' 따위는 생각하지 않나 보다.

우선 케에란은 만든 당일, 늦어도 다음 날까지는 먹어야 한다. 그렇지 않으면 그 맛을 느끼지 못한다. 떡과 팥소의 신선함을 유지하기 위해서다. "도쿄의 백화점에서는 '하루살이 과자를 팔아서 수지타산을 맞출 수 있느냐'라며 놀랍니다. 그래도 그 맛을 아는 분들이 있기에 보존기간을 늘이기 위한 어떤 행위도 하지 않아요." 가게의 5대째 사장을 이어받기 위해 수업 중인 이토 쇼이치로 씨의 말이다.

둘째, '이토 케에란'은 쉬는 날이 없다. 정월 초하루에도 일한다. 심지어 영업시간이 오전 7시 30분부터 오후 8시30분까지. 오전 7시 30분에 케에란을 팔려면 오전 5시부터 만들어야 한다. "오전 8시도 되기 전에 케에란을 사러 오시는 분들이 있어요. 한 분이라도 있다면 문을 열어야죠." 이 고지식함을 뭐라고 해야 하나. 고개는 끄덕여지지만, 쉽사리 따라 할 수 있을 것 같지는 않다.

케에란 5개 370엔. 사가 현 가라츠 시 하마타마마치 하마사키 943(佐賀県唐津市浜玉町浜崎943). 0955-56-6901.

마츠바라오코시(松原おこし)

가라츠에는 인공 방풍림이 있다. '니지노마츠바라(虹の松原)'라고 한다. '니지(虹)'는 무지개를 뜻한다. '무지개의 소나무숲' 정도 되겠다. '마츠바라오코시'는 바로 이곳 마츠바라에서 시작한다.

때는 전국시대. 도요토미 히데요시가 니지노마츠바라를 지나가다 잠시 휴식을 취했을 때, 인근 가가미(鏡) 신사를 돌보는 신관의 딸이 '호시이(糒·쌀을 쪄서 말린 식량)'를 흑설탕에 섞어 놓은 것을 바쳤다. 모두들 별것 아니라고 생각한 이 음식을 도요토미는 의외로 굉장히 맛있게 먹었다고 한다. 아주 맛있게 먹는 도요토미의 모습을 본 이 지역 사람들은 이후 신관 딸의 레시피를 흉내 내어 만들어 먹게 된다.

오늘날이라면 도요토미는 '먹방(먹는 방송)' 출연 요청에 꽤나 시달렸을지도 모르겠다. 어쨌든 그렇게 이 지역 사람들이 먹기 시작한 이 음식을 숲의 이름을 따 '마츠바라오코시'라고 부르게 된다. '오코시(おこし)'는 찹쌀을 찐 뒤 말려 재료를 물엿으로 굳힌 화과자를 말한다.

마츠바라오코시는 우리나라의 쌀 강정과 닮았다. 쌀 강정에 흑설탕을 뿌려놓은 것 같다. 만드는 방법은 다르다. 강정은 쌀을 튀겨내지만 마츠바라오코시는 쌀을 찐다. 두 번 찐 쌀을 물엿과 골고루 섞은 후 덩어리째 조리대 위에 올려놓는다. 그리고 흑설탕을 뿌리며, 동시에 넓고 평평한 나무판으로 그것을 밀어서 편다. 마치 칼국수 면 반죽을 밀대로 밀어서 펴는 것과 비슷하다. 그러나 정확하게 말하면 펴는 것이 아니라, 길고 얇은 엿가락처럼 만든다. 밀대가 아니라 넓은 나무판이기 때문에 가능하다. 예전에 점토놀이를 할 때 두 손바닥으로 점토를 비벼, 길고 가늘게 만들었던 것과 같은 이치다. 쌀과 물엿의 덩어리가 일정 굵기로 길게 늘어나면 일정한 길이로 자른다. 크기는 엄지손가락만 하다.

가라츠에는 마츠바라오코시를 만들어 파는 가게가 네 곳 있다. 그 중 가장 유명한 곳은 니지노마츠바라 숲 속에서 영업하는 '아소혼케(麻生本家)'다. 아소혼케는 숲 속 지금의 자리에서 140여 년 전에 문을 열었다.

"소나무의 이미지를 살리려고 노력했습니다." 4대째 사장 아소 세츠코 씨의 설명이다. 식감 역시 솔방울을 손으로 집었을 때의 느낌이란다. 먹어보니 그 느낌을 알 것 같다. 딱딱한 듯 그렇지 않은 느낌. 바싹하면서도 묘하게 촉촉하고 부드럽다. 식감만큼은 우리나라 강정과는 전혀 다르다. 강정보다는 '크런키 초콜릿'을 닮았다. 크런키 초콜릿이 부드러움 속에 바싹함이 있다면, 마츠바라오코시는 바싹함 속에 부드러움이 있다. 굳어진 물엿 속으로 찐 쌀의 부드러운 느낌이 터져 나오기 때문이다.

아소혼케 역시 부지런하다. 1년 중 설날 이외에 쉬는 날이 없다. 가라츠 사람들의 특성인가 보다.

마츠바라오코시 1봉지 630엔부터. 영업시간은 오전 7시~오후 6시. 사가 현 가라츠 시 가가미니지노마츠바라 4115-5(佐賀県唐津市鏡虹の松原4115-5). 0955-72-3482.

다이노시오가마야키(鯛の塩釜焼き)

이걸 어떻게 번역해야 좋을까? '다이(鯛)'는 도미다. '도미 소금구이'라고 하려니 어감이 꽤 다르다. 도미를 굽다가 소금을 뿌리면 소금구이가 되겠지만, 이건 아예 소금으로 도미 전체를 두껍게 바른 후 굽는다. 그냥 '도미 시오가마야키'라고 하기로 한다.

도미 시오가마야키의 유래 또한 도요토미 히데요시를 비켜갈 수 없다. 조선 침략을 앞둔 도요토미는 가라츠 앞바다에서 잡히는 도미의 맛에 반한다. 도요토미는 어떻게 해서든 이 맛있는 도미를 오사카의 어머니께 맛보이고 싶었다. 지금이야 냉동 택배니 뭐니 해서 당일 특송이 가능하지만, 때는 바야흐로 전국시대다. 가라츠에서 오사카까지는 며칠이 걸리는 거리다. 그동안 생선이 상하지 않을 리 없다. 그때 시오가마야키가 등장한다. 도미 전신을 소금으로 덧칠한 후 아예 구워버렸다. 그렇게 만든 시오가마야키를 오사카까지 가져가 어머니에게 드렸다고 한다. 이 일화로 인해 가라츠의 도미 시오가마야키는 전국적으로 알려진다.

우리나라 역시 음식을 오래 보관하기 위해 젓갈로 만든다. 그때 가장 중요한 재료가 소금이다. 이렇듯 소금에는 음식을 상하지 않게 하는 효능이 있다. 다만 시오가마야키는 소금에 절이는 것이 아니라 소금으로 전체를 감싸 구워버린다. 도미뿐만 아니라 전복도 간혹 이 방법을 사용한다.

그런 도미 시오가마야키가 언젠가부터 가라츠에서 사라졌다. 다양한 보관 방법이 생겨나면서 굳이 그렇게 보관할 필요가 없어진 까닭이리라. 그러나 지금으로부터 40년 전, 가라츠 료칸 조합은 옛 문헌에 나오는 도미 시오가마야키를 재현하기로 결정한다. 도미 시오

가마야키는 그렇게 부활했다.

이들 료칸 중에서도 특히 도미 시오가마야키가 유명한 곳은 90년의 역사를 가진 료칸 '나가사키죠'. 현재 3대째 노나카 유비코 씨가 운영하고 있다. 이곳의 도미 시오가마야키는 노나카 씨의 둘째 아들 유지 씨가 만든다. 소금과 계란 흰자를 섞어 갠 다음 신선한 도미 전체를 시멘트 바르듯 곱게 꼼꼼히 바른다. 그리고 오븐에 40분 정도 구우면 완성.

쟁반 위 도미 시오가마야키는 커다란 과자 같다. 그 옆에 나무망치가 같이 나온다. '무엇에 쓰는 물건인고?' 소금을 깨는 데 쓴다. 손님이 직접 망치로 소금을 깨고, 소금 속에 갇힌(?) 도미를 구해낸다. 동양 문화에서 무언가를 깨뜨리는 것은 악운을 떨쳐버리고 행운을 기원하는 의미다. 도미 시오가마야키는 이처럼 일종의 '세리머니'용 음식이다. 주로 결혼식의 피로연과 같은 큰 행사의 축하자리에서 먹는다.

그러나 단순히 '세리머니' 만을 위

한 것은 아니다. 그만큼 맛으로도 가치가 있다. "보통 생선을 구우면 기름이 빠져나가면서 생선 본연의 맛도 함께 빠져나가는데, 시오가마야키의 경우 소금으로 감싸고 있으니 고기 본연의 맛이 도망가지 않아요. 게다가 소금이 생선의 비린내를 없애주니, 일석이조입니다." 유지 씨의 설명이다. 소금을 깨고 그 속의 도미 살을 한 점 집어 먹어본다. 담백하다. 그러나 심심하지는 않다. 생선의 살이 부드럽다. 병원의 약솜처럼 부드럽다.

'세리머니'로 많이 먹다 보니 메뉴판에 따로 메뉴가 없다. 주로 코스 요리를 시킬 때 함께 포함된다. "굳이 도미 시오가마야키만 드시겠다면, 한 5천 엔 정도 할까요?" 잠시 비싸다는 생각부터 든다. 그러나 현지 도미 가격이 튼실한 녀석으로 3천~4천 엔 정도라고 하니, 음식값이 폭리는 아니다.

사가 현 가라츠 시 니시죠나이 6-36(佐賀県唐津市西城内6-36). 0955-72-2254.

　이번 장(章)에 등장한 이 세 가지 먹거리, 세 노포를 아우르는 공통된 특징이 있다. 도요토미 히데요시와 관련된 것 아니냐고? 그것을 조금 더 그럴싸하게 말하자면, 바로 '스토리텔링'이다. 우리로서는 썩 편한 이야기는 아니겠지만, 일본에서 전국시대 3대 영웅(오다 노부나가, 도요토미 히데요시, 도쿠가와 이에야스)의 이야기는 시대를 초월한 인기를 누린다. 특히 조선 침략의 전초 기지였던 사가 현 가라츠에서 도요토미 히데요시의 의미는 남다르다. 그런 도요토미의 일화를 먹거리에 접목한다. 그리고 그것을 지역의 특산물로 정착시킨다. 사실 앞서 말한 세 종류의 먹거리와 유사한 것을 찾아 일본 전역을 뒤져보면, 어디엔가는 틀림없이 있을 테다. 그럼에도 이곳의 먹거리가 명물이 된 것은, 분명 '스토리텔링'의 힘이다.

:: 노미호다이 ::

　　　일본의 가라오케에 가면 요금 내는 방식 때문에 뜨악해지는 경우가 종종 생긴다. 일본의 가라오케는 방 단위로 요금을 지불하는 것이 아니라, 사람 수를 세어 요금을 매긴다.

　　남녀 한 쌍인 A팀과 직장인 동료 네 명의 B팀이 있다. 두 팀 모두 방 하나씩을 빌려 1시간 동안 노래를 부른다고 치자. 만일 한국이라면 두 팀 모두 방 하나에 대한 1시간의 요금이 적용될 것이다. 그러나 일본의 B팀은 A팀 요금의 배를 내야 한다. A팀은 둘이고, B팀은 넷이기 때문이다. 사람이 많으니 많이 내는 게 당연할까? 다시 생각해 보자. 노래 한 곡당 시간이 평균 5분이라고 하면, 1시간 동안 부를 수 있는 곡의 수는 12곡이다. 둘이서 12곡을 부르거나 넷이서 12곡을 부르거나, 가격은 같아야 하는 게 아닐까.

　　평소 합리적이라고 자부하는 일본인은 이게 당연하다는 반응이다. 그 이유는 정작 다른 곳에 있다. 일본의 가라오케 대부분이 '노미호다이(飮み放題)' 방식으로 운영되기 때문이다. 노미호다이란 무엇인가? 일정 금액을 내고 정해진 시간 내에 마음껏 다양한 종류의 음료를 마시는 방식을 말한다. '노무(飮む·마시다)'와 '호다이(放題)'를 합친 말이다. '호다이'는 '마음껏 ~하는 것'이라는 뜻의 접미어 정도 되겠다. 그런 방식으로 가라오케를 운영하다 보니, 요금 또한 노래보다 음주에 무게 중심을 맞춘다. 최근 우리나라 노래주점도 노래보다 음주가 주(主)가 된 느낌이다. 그러나 노미호다이가 아니니 사람 수를 셀 필요까지는 없다.

　덧붙여 정해진 시간에 마음껏 다양한 종류의 음식을 먹을 수 있는 것을 '다베호다이(食べ放題)'라고 한다. '다베루(食べる·먹다)'와 '호다이'를 합친 말이다. 일본의 식당이나 레스토랑에 가보면 '노미호다이'나 '다베호다이' 방식으로 운영하거나, 혹은 그 방식을 겸하는 곳을 흔히 찾아볼 수 있다. 한국의 술고래들에게 '노미호다이'가 넘쳐나는 일본의 술집은 천국이라고 할 수도 있겠다.

　왜 일본인들은 '○○호다이'를 좋아하는 것일까? 그것은 다양한 종류의 음식을 고루 맛볼 수 있기 때문이다. 한번은 일본인과 횟집에 함께 간 적이 있었다. 광어 한 접시를 호기롭게 시켰다. 푸짐한 광어회 한 접시를 두고 뿌듯한 얼굴로 일본인에게 말한다. "회를 먹으려면 이 정도로 푸짐하게 차려놓고 먹어야지요." 그런데 정작 일본인은 질겁을 한다. "광어만 그렇게 많이 먹으면 안 질려요?" 다양하게 조금씩 시켜 먹는 것이 그들의 식도락이다. 술도 마찬가지다. 한 자리에서 다양한 종류의 술을 음미하는 것을 즐긴다. 그러다 보니 어느 술집이든 소주, 사케, 위스키 등을 모두 갖추는 것이 일반화되었다.

　그 밖에도 다양한 '○○호다이'가 존재한다. 그중 특이한 것 하나가 '사와리호다이(触り放題)'. 규슈 제일의 환락가인 후쿠오카 나카스 밤거리를 걷다 보면, 말쑥하게 차려 입은 호객꾼이 "사와리호다이 어떠세요"라며 말을 걸어온다. '사와리호다이'가 무슨 뜻이냐고? 참고로 '사와루(触る)'는 우리말로 '만지다'라는 의미다.

지역

Part

4

도심 속에서 술을 빚는
햐쿠넨구라

후쿠오카 시내 관광 중 오래된 건물이 보여 물어보니 양조장이라고 했다. '이시쿠라 주조(石蔵酒造)'가 운영하는 '하카타 햐쿠넨구라(博多百年蔵)'. 후쿠오카 사람들은 '백년장(百年蔵)'이라고 줄여서 불렀다. 지은 지 140년이 넘는 이 건물은 등록 유형문화재로 지정되어 있다.

건물 근처로 다가가자 술 익는 향기가 구수하게 흘러나왔다. 이 오래된 양조장은 여태 술을 만들고 있었다. 양조장과 붙은 직판장에서 큰 나무 술통에 담긴 시보리타테(금방 걸러 바로 출하한 술)를 시음했다. 여기서만 맛볼 수 있는 술, 신선한 상태의 술이다. 기껏 보졸레누보(햇포도주)만 기다려온 게 후회된다.

그런데 문득 의문이 든다. 술은 물 좋고 한적한 교외에서 만들어야지, 시내 한복판에 위치한 양조장이 이렇게 오랫동안 어떻게 살아남았을까.

후쿠오카~대마도 운송선을 운영하던 이시쿠라 가문은 에도 시대 후기인 200년 전쯤에 주조업에 진출했다. 물과 관련된 일을 하던 가문이 전혀 차원이 다른 물 사업에 진출한 셈인데 공교롭게도 위기는 불과 관련해서 찾아온다. 제1양조장이 후쿠오카 시내 다른

곳에 있었지만 제2차 세계대전 중 화재로 사라진 게 첫번째 위기였
다. 지금의 햐쿠넨구라는 1870년에 제2양조장으로 세워졌다. 불로
인한 또 한 번의 위기는 비교적 최근인 2011년에 있었다. 5대째인
이시쿠라 도시마사 대표가 2012년 1월 7일 햐쿠넨구라 홈페이지에
올린 글에 다시 찾아온 위기 극복 과정과 각오가 간략하지만 잘 나
타나 있다.

"오늘부터 영업을 재개합니다. 여러분의 따뜻한 성원이 있었기에 조속히 화재 복구를 할 수 있었습니다. 이번 화재로 큰 폐를 끼쳤습니다. 많은 분이 주신 온정에 보답하도록 노력하겠습니다. 앞으로 50년, 그리고 100년 후에도 후쿠오카와 함께하도록 날마다 정진하겠습니다."

햐쿠넨구라는 2011년 10월 8일 누전으로 인해 불이 났다. 불행 중 다행으로 양조장 건물 가운데 1천m²만 불에 탔다. 화재의 흔적은 지금도 남아 있다. 불에 탔던 천장을 유리로 만들어 빛이 그대로 들어오도록 보수, 불이 났던 사실을 영원히 기억하도록 했다.

화재가 꼭 나쁘기만 했던 것은 아니었다. 불이 나고 일주일간 1천 명 가까운 시민이 직접 찾아와 위로해주었다. 이 중 평생을 주변에서 살았다는 아흔 살이 넘는 노인의 이야기가 인상적이다.

"나는 이 양조장을 의식하지 못하고 살았다. 그런데 불이 나고 나니 이게 나한테 참 소중한 것이라는 생각이 들었다." 100세 가까운 이 노인이 뒤늦게 깨달은 햐쿠넨구라의 의미는 무엇이었을까. 햐쿠넨구라는 직원, 거래처, 시민의 따뜻한 성원 덕분에 불이 난 지 3개월 만인 2012년 1월 7일 영업을 재개했다. 이날 마당에 모여 다 같이 파이팅을 외치는 사진은 그때의 분위기를 그대로 전달하고 있다. 화재는 후쿠오카 시민과 햐쿠넨구라에게 서로의 의미에 대해 생각하게 해주었다. 햐쿠넨구라는 '재생일기'라는 이름으로 그 과정을 홈페이지에서 지금도 보여주고 있다.

일본 사케 시장의 침체는 햐쿠넨구라에도 영향을 미쳤다. 20년 전부터 사케 판매가 줄기 시작한 것이다. 결국 후쿠오카 시내에 남아 있던 몇 곳의 양조장도 햐쿠넨구라만 빼고 다 폐업했다.(후쿠오카 현

남부에는 아직 남아 있다.) 사람들이 찾는 술의 종류가 이전보다 훨씬 다양해지며 와인, 맥주, 소주 같은 술의 판매가 늘어난 탓이었다. 하지만 햐쿠넨구라의 주조 면허는 사케밖에 만들 수 없었다.

이시쿠라 도시마사 대표는 앞으로 어떻게 해야 살아남을 수 있을지 고민하기 시작했다. 생각해보면 햐쿠넨구라의 가장 큰 특징은 후쿠오카 시내에 있다는 점이었다. 술은 물이 좋아야 한다? 하지만 기술의 발전으로 여과기를 쓰면 이제 물은 큰 상관이 없었다. 시내에 위치해 다른 양조장에 비해 사람들과 쉽게 만날 수 있는 장점을 적극 활용, 고객과의 직접 접촉을 늘리기로 했다.

첫 번째로 양조장 옆에다 사케 직판장을 개설해 직접 홍보 및 판매에 나섰다. 특히 2월 말에서 3월 초가 되면 그해에 새로 만든 술을 처음으로 공개하는 행사가 하이라이트이다. 후쿠오카 시민에게 무료로 새 술의 맛을 볼 수 있게 해주는 것이다. 1천 800ml 들이 사케 6

천~8천 병 정도가 사흘 동안 사라진다. 너무 큰 손해가 아닐까? 걱정하지 마시라. 사람들은 이보다 훨씬 더 많이 사케를 사주니까. 백화점 진열대와 비교하면 양조장에서 직접 술을 사는 느낌은 많이 다르다. 더 맛이 있는 것 같다.

양조장에 특별한(?) 레스토랑도 열었다. 이곳의 모든 요리에는 사케가 조금씩 들어간다. 그중 술 찌꺼기로 만드는 냄비 요리가 제일 인기다. 코스 요리에는 바로 거른 신선한 사케 2~3종류를 무제한 제공하는 혜택 외에도 맥주와 소주까지 낸다. 사케는 그렇다 치고 맥주와 소주는 왜 제공하는 것일까. 이시쿠라 도시노리 전무는 "사케는 사람들이 점점 안 먹는 술이 되어가고 있다. 한 번쯤 사케를 즐겨보는 일도 좋다는 사실을 알려주기 위해, 손님의 입장에서 모든 술을 제공한다"고 말한다. 여기서 사케를 처음 맛보고 "사케가 이런 맛이었느냐"며 놀라는 이들이 적지 않단다. 흰살생선에는 깔끔한 사케, 냄비 요

리에는 달콤한 사케가 어울린다. 식사와 함께 자기 입맛에 맞는 사케를 찾아가는 체험을 하면 사케에 대한 호감이 저절로 생긴다. 이러다 보면 1천 명에 한 명꼴로 고주망태가 되어 쓰러지는 사람도 꼭 있다.

술에 대한 예의를 갖춰야 하는데…. 이런 사람을 어떻게 할 것인지는 자신들의 과제란다. 지금은 연인원 3만 명이 햐쿠넨구라의 레스토랑을 찾는다니 대단하다.

또 햐쿠넨구라는 정미 작업장을 다른 곳으로 옮기며 정미 기계가 있던 공간을 활용하기로 했다. 거기다 고전적인 느낌에 음향, 영상, 조명 등 최신 시설을 갖춘 콘서트홀을 포함해 3개의 홀을 만들었다. 콘서트홀은 적자만 면할 정도의 비용을 받고 임대를 한다. 벽에는 그 동안 열렸던 공연 사진이 빼곡히 걸려 있다. 유명 아티스트들도 "후쿠오카에서 연주할 때는 역시 햐쿠넨구라!"라며 호평하고 있다. 일 년이면 100쌍 정도가 이곳에서 결혼식을 올린다. 이런 추억이 있다면 꼭 다시 찾지 않을까. 이렇게 시민과의 접점이 늘며 햐쿠넨구라는 되살아났다.

햐쿠넨구라에서 나온 사케는 대개 쌀의 단맛이 나면서도 바디감이 있다. 이 술은 90% 이상이 후쿠오카에서 판매된다. 도시노리 전무는 "후쿠오카 사람들의 사랑 덕분에 우리 회사는 여태까지 살아남았다. 하지만 앞으로는 좋은 것만이 살아남는 세상이다. 사케가 잘 안 팔리는 것도 문화지만 사케를 잇는 일도 문화이고 우리가 할 일이다. 햐쿠넨구라가 앞으로 이어질 수 있도록 더 열심히 노력하겠다"고 말했다. 이 회사의 사훈은 온고지신과 비슷한 의미의 '온고전승(溫故傳承)'이다.

우리나라 상황만 보면 사케는 잘 나가는 것처럼 보인다. 사케 애호가와 일본식 주점이 늘며 수입되는 사케의 종류 및 양이 증가하고 있기 때문이다. 사케는 2009년 210만 l, 2010년에는 280만 l 가 수입됐다.

2012년 일본산 사케 수입량은 전년 동기대비 70.2% 증가한 410만 l 로 사상 최대치를 기록했다. 수입액은 8.8% 증가에 그쳐 고급보다 가격이 저렴한 사케를 즐기는 경향을 보여주고 있다. 사케를 즐기는 국내 수요층이 확대된 것이다.

하지만 종주국 일본에서 사케는 점차 힘이 빠지고 있다. 일본 내 사케 소비량은 1970년 153만 2천 kl 에서 2009년에는 61만 7천 kl 로 시장 규모가 절반 이하로 쪼그라들었다. 이처럼 소비가 줄며 사케를 만드는 양조장도 1956년 4천 135곳에서 2009년엔 1천 906곳으로 줄었다. 일본의 경제 상황도 영향을 미쳤지만 사케는 '아저씨들이 먹는 술'이라는 이미지로 젊은 세대가 이탈한 것이 결정적이었다.

사케 업체들은 해외시장에서 돌파구를 찾고 있다. 일식 레스토랑의 해외 진출과 함께 사케의 수출 또한 늘어 사케 업체들에게 다소 희망을 주고 있다. 2012년 4월 요미우리신문에는 일본 정부가 사케를 국주(國酒)로 지정, 해외시장 진출을 적극 지원한다는 기사가 실렸다. 일본의 고급 문화인 사케를 세계인에게 각인시키는 동시에 사케 수출을 통해 쌀 소비 또한 확대하여, 두 마리 토끼를 잡겠다는 계획이다.

'이게 뭐야'라는 이름의 찹쌀떡
히다카

때로는 우연이 하나의 전환점이 된다. 1970년대 3M의 연구원 스펜서 실버는 강력접착제를 개발하려다 우연히 접착력이 약하고 끈적거리지 않는 이상한 접착제를 만들게 된다. 이 접착제를 종이에 바른 것이 바로 오늘날 필수 사무용품이 된 포스트잇이다. 제약회사 화이자는 새로운 심혈관 치료제의 임상시험 중 뜻밖의 부작용을 발견한다. 1998년 이 약은 미국 FDA로부터 심혈관 치료제 승인을 받았지만, 전혀 다른 용도로 팔리면서 매년 5천만 달러의 매출을 올리는 화이자의 효자 상품이 되었다. 비아그라다.

일본 규슈 미야자키 현 미야자키 시에 가면 꼭 먹어봐야 할 먹을거리가 있다. 과자점 '히다카(日高)'의 '난자고라 다이후쿠(なんじゃこら大福)'다. '다이후쿠(大福)'란 팥소를 넣은 일본식 찹쌀떡. 이 명물 먹거리 역시, 그 시작은 아주 우연한 발상에서였다.

시간은 24년 전으로 거슬러 올라간다. 당시 별다른 주전부리가 발달하지 않았던 일본에서 다이후쿠는 대중적인 간식거리였다. 남녀노소 가릴 것 없이 너도나도 다이후쿠를 즐겨 먹었다. 그러다 보니 다이후쿠의 종류도 다양했다. 히다카에서도 다양한 다이후쿠를 만들어 팔고 있었다. 팥소를 넣은 기본적인 것에서부터 딸기를 넣은 것,

밤을 넣은 것, 크림치즈를 넣은 것 등등.

히다카의 2대째 사장 히다카 히사오 씨는 새로운 다이후쿠를 고민하던 중 '기존의 소(만두 등 음식의 속에 넣는 재료)를 모두 넣은 다이후쿠를 만들어보면 어떨까'라는 무모(?)한 생각을 한다. 절반쯤 재미삼아 팥소와 딸기, 밤, 크림치즈를 넣은 다이후쿠를 만들어 친구에게 먹였다.

재료가 많이 들어가 크기도 아이 주먹만 해진 이 다이후쿠를 먹은 친구는 대뜸 "난자고라(なんじゃこら)"라고 소리쳤다. 우리말로 옮기자면 "이게 뭐야" 정도 되겠다. 그러면서도 그 주먹만 한 다이후쿠를 꾸역꾸역 다 먹어치웠다. 친구의 외침이 그대로 새 다이후쿠의 이름이 됐다. '난자고라 다이후쿠'는 그렇게 탄생했다.

맛에는 궁합이 있기 마련이다. 맛있는 재료를 다 모아서 넣는다고 최고의 맛을 내는 것은 결코 아니다. 팥소와 딸기, 밤, 크림치즈가 제대로 궁합이 맞을까? 대부분 사람의 예상은 '난자고라(이게 뭐야)'였다. 그런데 먹어보면 묘하게 궁합이 맞다.

우선 팥소가 다르다. 부서지지 않고 차지게 입속에 달라붙으면서도 질척거리지 않는다. 달면서도 이상하게 물리지 않는다. 물리기 전에 딸기의 상큼한 향이 입속으로 들어와 팥소의 강한 단맛을 잡는다. 밤은 상큼하지는 않지만 그 맛이 담백하다. 그리고 이 전혀 다른 세 가지를 하나의 맛으로 만드는 것이 부드러운 크림치즈이다. 마치 개성 강한 어린 세 동생을 다독이는 큰 누이처럼 끌어안아 조화를 이룬다.

딸기와 밤은 신선한 것을 사용한다 치고, 팥소와 크림치즈의 비법이 궁금했다. "죄송하지만, 그 비결은 가르쳐드릴 수 없습니다." 현 2대 사장의 누나이자 선대 때부터 함께 가게를 운영해온 하마다 준코

씨의 대답이다. 시종일관 친절한 표정 속에서도 이 말에서만은 비장한 각오가 묻어났다. 다만 "신선함은 딸기나 밤에만 적용되는 말이 아닙니다. 팥소와 크림치즈도 마찬가지입니다"라고 덧붙였다.

사실 기존의 다이후쿠에 딸기와 밤, 크림치즈만 넣으면 된다는 이 간단한 레시피를 다른 가게가 따라 하지 못하는 이유이기도 했다. 그런 비법을 쉽게 가르쳐줄 리 만무하다.

"방부제를 일절 섞지 않은 좋은 재료만을 사용하기 때문에 원가가 높습니다. 그리고 보존 기간도 턱없이 짧지요. 당연히 제품 가격도 싼 편이 아닙니다. 만들어놓고 팔리지 않으면 손해가 이만저만이 아니지요. 다른 가게에서 따라 하고 싶어도 팥소와 딸기, 밤, 크림치즈의 이 오묘한 조합을 흉내 내기가 생각보다 쉽지 않아요."

맛있으니까 만드는 즉시 팔리고, 빨리 팔리기 때문에 맛있게 만들 수 있는, 일종의 선순환 구조다.

히다카는 지난 1951년 처음 문을 열었으니 올해로 만 61년이 지났다. '백년 명가'는 아니지만 제2차 세계대전이 끝난 지 얼마 안 돼 영업을 시작한 만큼 일본의 현대사를 오롯이 함께해온 가게라 할 수 있다.

처음 문을 열 때는 편의점처럼 뭐든지 파는 가게였다. 과자는 물론 잡화, 과일 등 없는 것이 없었다. 전후(戰後) 어지러운 상황 속에서 물자 구하기가 어려웠던 당시에는 드문 형태의 가게도 아니었다.

이후 수년이 지나 세상이 점점 안정되면서 전문적인 가게 형태를 띨 필요성을 느꼈다. 창업주인 선대 히다카 미에코 씨가 선택한 것은

과자였다. 흔히 과자라고 하면 스낵을 생각하기 쉽다. 일본에서는 케이크나 디저트까지도 '오카시(お菓子·과자)'로 분류하기도 한다. 히다카가 직접 과자를 만들기 시작한 것도 이때부터다.

2대째로 넘어온 히다카는 난자고라 다이후쿠의 큰 성공으로 급성장한다. 현재 미야자키 시내에만 7개의 직영 점포를 가진 어엿한 중견 기업이 되어버렸다. 그러나 여러 유통업체의 유혹에도 절대 미야자키 시를 벗어나서는 점포를 내지 않는다.

이유는 간단했다. 바로 맛 때문이다. 히다카에서 판매하는 과자들은 대부분 생크림치즈와 팥소, 떡 등 쉽게 상하는 재료를 이용해 손으로 만든 것들이다. 과자를 만드는 공장과 판매하는 매장의 거리가 멀면 그 맛을 유지하기 어렵다. 맛을 위해서 욕심을 버리고, 맛을 유지할 수 있는 한에서 영업하자는 취지다.

맛에 대한 고집이 오히려 상업적으로도 성공을 거두었다. 미야자키 시에 오지 않으면 맛볼 수 없는 먹거리라는 희소성이 일본 전역의 구미를 당긴 것이다. 난자고라 다이후쿠를 맛보지 않는 미야자키 여행은 '팥소 빠진 찐빵' 아니 '팥소든, 딸기든, 밤이든, 크림치즈든, 뭐든 하나가 빠진 다이후쿠'처럼 허전해졌다. 전국의 여행자들이 미야자키에 오면 꼭 히다카에 들러 난자고라 다이후쿠를 사 먹었다.

의도하지 않은 바일 수도 있다. 흔히들 하는 말로 운이 좋다. 뭘 해도 잘 풀린다는 그런 경우다. 그러나 맛에 대한 고집과 노력이 없었더라면 우연과 운을 성공으로 연결할 수는 없었을 것이다. 포스트잇이나 비아그라가 단순히 우연과 운만으로 세상에 등장한 것이라고 할 수 없는, 마찬가지의 이치다.

요즘도 히사오 사장은 새로운 메뉴 만들기가 취미다. 현재 히다카가 만들고 있는 과자의 종류만 해도 백 가지가 넘는다. "제가 매일 말리는 데도 말을 안 들어요. 모두 난자고라처럼 잘 팔리는 것도 아니고…. 이제 새로운 것은 그만 좀 만들자고 해도 아침에 출근하면 또 이상한 것을 만들어 보여주곤 한답니다." 누나인 준코 씨의 말이다. 천성은 어쩔 수 없나 보다. 또 어떤 맛있는 음식이 새로 탄생할지 벌써부터 입맛이 당기기 시작한다.

나가사키 짬뽕의 원조 시카이로

　　'나가사키' 하면 어떤 이미지가 먼저 떠오를까. 얼마 전까지만 해도 대부분 '히로시마에 이어 세계에서 두 번째로 원자폭탄이 투하된 도시'라는 사실을 떠올렸을 것이다. 언젠가부터 우리나라에는 하얀 국물의 '나가사키 짬뽕' 열풍이 불었다. 만약 지금 나가사키에 관한 이미지 조사를 한다면 첫 번째로 짬뽕을 떠올릴지도 모르겠다.

　　나가사키 현지의 짬뽕은 국내 이자카야 등에서 파는 나가사키 짬뽕이나 인스턴트 제품과 비교하면 맛이 어떻게 다를까 궁금하다. 게다가 나가사키에는 짬뽕이 시작된 가게가 있다니 더욱 입맛이 당긴다.

　　나가사키 짬뽕의 고향답게 나가사키 사람의 짬뽕 사랑은 유명하다. 짬뽕이 탄생했다는 '시카이로(四海樓)'로 가는 길에 택시기사에게 짬뽕을 얼마나 자주 먹는지 물어보았다. 그는 "나가사키 사람들은 보통 일주일에 두세 번은 짬뽕을 먹는다. 특히 술 먹고 난 다음 날에는 꼭 짬뽕을 먹는다"고 말한다. 술 마신 다음 날의 짬뽕, 사람 입맛이 비슷하다고 느꼈다. 일본에는 흔한 것이 라멘집이다. 하지만 나가사키에는 라멘집을 찾아보기 어려울 정도로 짬뽕집 일색이다. 인구

45만 명의 나가사키 시에 중화요리점이 백수십 개에 달하고, 짬뽕을 파는 가게는 1천 곳이 넘는다.

일본에서 중국 요리는 개항지에 중국인이 들어와 식당을 열고 일본인의 입맛에 맞게 개량해가면서 시작되었다. 메이지 시대의 나가사키는 일본 열도로 진입하는 입구이자, 중국 및 한반도를 왕래하는 연락선이 정박하는 중요한 항구였다.

1892년 중국 푸젠(福建) 성 푸저우(福州) 출신인 19세의 천핑순(陳平順)이 일본 나가사키에 일하러 건너온다. 행상하며 돈을 번 천핑순은 1899년 중국요리점이면서 여관 시설도 갖춘 시카이로를 연다. '시카이로(四海樓)'라는 상호는 세상의 모든 사람이 형제와 같이 친하게 지내야 한다는 뜻의 '사해동포(四海同胞)'에서 따왔다. 실은 고객이 사해에서 구름같이 모여달라는 소망을 담았고, 그의 소망은 이루어진 것 같다.

사카이로의 외관

시카이로의 나가사키 짬뽕

짬뽕집 시카이로의 엄청난 규모에 그만 입이 벌어졌다. 시카이로는 창업 100주년을 기념해 1999년 원래의 자리에 건물을 신축했다. 5층 건물 전체가 중국집으로, 2층에는 짬뽕 박물관이 있다. 짬뽕으로 세운 성, 심지어 짬뽕 왕국의 궁궐 같다는 생각마저 들었다.

짬뽕 박물관에서 짬뽕 원조 천핑순의 일화를 만났다. 스스로 고생을 많이 했기에 천핑순은 한창 식욕이 왕성한 중국 유학생들이 이국 땅에서 배를 곯는 모습이 늘 안타깝게 보였다. 그러다 가난한 유학생을 위해 푸짐하면서도 값싸고 영양 만점인 요리가 없을까 고민하기 시작했다. 궁리 끝에 쓸모없는 돼지 뼈와 닭 뼈를 서너 시간 푹 고아 하얀 국물을 내고 쫄깃한 면을 삶아 넣었다. 여기다 나가사키에 풍부한 새우, 오징어, 굴을 올렸다. 또 양배추와 파, 숙주나물을 살짝 기름에 볶아 듬뿍 얹었다. 이렇게 탄생한 새로운 음식은 중국 유학생뿐만 아니라 일본인의 입맛까지 사로잡으며 금세 나가사키의 중화가에 퍼져갔다.

짬뽕 박물관에서 만난 1900년대 초반에 찍은 사진에는 '지나요리 사해루 온돈 원조(支那料理四海樓餛飩元祖)'라는 간판이 붙어 있다. 당시에는 '짬뽕'이 아니라 '시나우동(支那餛飩)'이라고 불렀다. 1910년대부터 시나우동과 함께 짬뽕이라는 이름으로도 불리기 시작한다.

짬뽕이라는 음식 이름의 유래에는 여러 설이 있다. 시카이로의 4대째 대표인 천요우지(陳優繼) 씨는 "짬뽕은 중국어로 '밥 먹었느냐'는 '츠판(吃飯)'의 푸젠 성 사투리인 '차폰(chapon)'에서 유래됐다"고 말한다. 천요우지 씨는 가족들이 천핑순 할아버지에게 짬뽕을 상표 등록하자고 권유했지만 "누구든 관계없이 많은 사람이 먹어주기만 하면 만족한다"며 되레 나무랐다는 일화를 전했다. 하마터면 짬뽕을

짬뽕이라고 부르지 못할 뻔했다. 역시 베풀어야 복을 받는다. 1914년
에 발행된 나가사키 안내 책자에는 "시나우동이 나가사키의 명물이
되었다"고 적고 있다.

사카이로의 실제 모습

시카이로는 원조 나가사키 짬뽕의 맛을 보려는 사람들로 언제나
북적댄다. 나가사키 항이 눈앞에 펼쳐지는 창가에 앉아 오리지널 나
가사키 짬뽕을 먹는 기분은 유별나다. 하지만 의외로 꽤 많은 사람
이 시카이로의 짬뽕은 기대했던 맛이 아니었다고 평가한다. 진한 국
물은 짜게 느껴졌고, '불향'은 너무 강했다. 시카이로에서 만난 한 한
국인 관광객은 "후쿠오카에서 놀러 왔다 여기가 짬뽕의 원조라고 해
서 먹으러 왔는데 너무 느끼하다. 느끼한 맛을 좋아하는 사람은 좋
아하겠다"고 말한다. 기대가 큰 만큼 실망도 커지기 쉬운 법이다.

시카이로는 지금까지 창업 당시의 맛을 그대로 지켜오고 있다고 했다. 그런데 나가사키 현지인들은 좀처럼 가지 않는 집이라고 했다. 자연스럽게 몇 가지 의문이 들었다. 첫째, 시카이로의 맛은 그대로인데 세월이 지나며 사람들의 입맛이 변한 것일까. 둘째, 시카이로의 짬뽕 맛에 대한 정보를 알고 찾은 사람들은 대체 어떤 만족을 얻어서 가는 것일까. 셋째, 짬뽕은 역시 동네의 허름하고 편한 중국집에서 먹어야 제맛이 나는 것일까….

나가사키 짬뽕 투어를 좀 더 해보기로 했다. 두 번째로 짬뽕을 먹으러 간 곳은 창업 60년이 넘는 후루카와마치의 '교카엔(共樂園)'이다. 이곳 역시 화교가 하는 중국집으로 3대째인 쉬롱슈(許龍樹) 씨가 요리하고 있다. 교카엔은 나가사키 현지인이 외지인에게 대접하고 싶을 때 즐겨 찾는 곳이다.

확실히 이곳의 짬뽕은 감칠맛이 있으면서도 담백하다. 시카이로에 비하면 덜 느끼하고, 덜 진하다. 담백한 닭고기를 우려낸 육수에다 여름에는 바지락, 겨울에는 굴을 추가해서 열 종류 이상의 재료를 넣어서 만든다. 쉬롱슈 대표는 "이전의 맛을 계승하면서도 자연스럽게 새로운 맛이 가미되

교카엔

었다. 초반에는 아버지 대와의 맛 차이를 지적받았지만 점점 손님들의 불평이 사라졌다. 본래의 맛과 내가 만드는 맛이 자연스럽게 융합한 것으로 생각한다"고 말했다.

마지막으로 동네의 평범한 짬뽕집인 에도마치의 '군라이겐(群來軒)'으로 향했다. 이날 동행한 나가사키현 관광연맹의 세이고 카오구치 씨가 개인적으로 가장 좋아하는 짬뽕집이었다. 짬뽕에 물릴 만도 한데 이곳의 짬뽕은 좀 더 담백한 맛이 나서 좋았다. 짬뽕 맛이 다 달랐다.

나가사키 시는 2012년 한글로 된 '나가사키 짬뽕 북'이라는 소책자를 발행했다. 나가사키 현은 그동안 한국 관광객이 많이 찾지 않아 애를 태웠는데, 우리나라에서 나가사키 짬뽕이 큰 인기를 끌자 이를 활용하기로 했단다. 이 책자에는 시카이로를 비롯해 나가사키의 대표적인 짬뽕집 25곳이 소개되어 있다.

나가사키의 짬뽕은 각양각색이다. 나가사키 짬뽕은 하얀 국물만 있다고 생각하면 오산이다. 한국산 고춧가루를 넣어 만든 빨갛고 매운 짬뽕을 파는 '미로쿠야'라는 짬뽕집도 있다. 중국 산초와 고춧가루를 듬뿍 사용해 깊은 매운맛을 느낄 수 있는 '마라 짬뽕', 간장 대신 소금으로 맛을 낸 '소금 짬뽕', 돼지기름과 버무린 마늘이 올려진 '폭탄 짬뽕', 상어 지느러미와 해삼이 들어간 '특상 짬뽕' 등 다양해서 보기만 해도 침이 넘어간다.

다시 시카이로로 생각이 났다. 우리 속담에 '수양산 그늘이 강동 팔십 리를 간다'고 했다. 짬뽕을 탄생시킨 시카이로가 없었다면 아무리 맛있어도 사람들이 짬뽕 한 그릇 먹으러 나가사키까지 가지는 않을 것이다. 시카이로가 수양산처럼 버티고 있기에 짬뽕을 먹으러 나가사키를 찾게 된다. 시카이로는 원래 맛을 지키고 나머지 가게들은 새로운 맛을 개발하는 것으로 역할을 분담한 것은 아닐까, 이런 생각마저 하게 된다. 시카이로는 전국에 포장 상품을 판매하지만 분점은 내지 않고 있다. 원조 짬뽕 맛이 궁금하면 나가사키에 가야만 한다. 그런데 나가사키에 가면 원조보다 더 맛있는 짬뽕집들이 있다. 이러니 짬뽕 때문에 나가사키에 가게 된다.

시카이로 짬뽕 997엔. 영업시간 오전 11시 반~오후 9시. 나가사키 현 나가사키 시 마츠가에마치 4-5(長崎県長崎市松が枝町4-5). 095-822-1296.

한국에서 배운 명란으로
후쿠야

　　"일본의 명란젓이 세계 시장을 점령하면서 일본이 명란젓의 종주국이라고 잘못 알려졌는데, 명란젓의 종주국은 우리나라이다." 이렇게 목성을 높여서 외치지 않아도 우리가 명란을 만든 원조라는 것은 역사적인 사실이다. '시의전서(是議全書 · 19세기 말엽 조선 말기의 요리책)'에는 명란의 제조법이 기록되어 있다. 그보다 앞선 1652년(조선 효종 3년) 10월 8일 '승정원일기'에는 "진상한 대구 알젓에 명태 알이 섞여 있다"는 대목이 나온다. 조선 효종 때, 함경도 '명천(明川)'이라는 곳에 사는 '태(太)'라는 사람이 처음으로 잡았다고 해서 붙여진 이름이 명태다.

　　유구한 전통에도 불구하고 명란이라면 일본을 알아준다. 명란의 원조인 우리는 어떻게 해서 명란에 대한 주도권을 일본에 뺏기게 되었을까. 일본이 명란을 많이 먹어서 그럴까.(일본의 연간 명란 소비량은 우리나라의 약 10배인 4만t에 달한다.) 일본에서는 명란을 멘타이코(めんたいこ)라고 부른다. 후쿠오카를 대표하는 특산물 멘타이코를 개발한 '후쿠야(ふくや)'에 가보면 의문이 풀릴 것 같았다.

　　후쿠오카 나카스의 후쿠야 본사 건물에 들어갔을 때 가장 먼저 눈에 띈 것은 일본 후쿠오카 TNC 방송국의 창사 55주년 기념 드라

마 '멘타이 삐리리(めんたいぴりり)' 포스터였다. '삐리리'는 '얼얼한 매운맛이 느껴지는 모양'을 뜻하는 일본어.

'멘타이 삐리리'는 2013년 8월 특별방송과 16부작 아침 드라마로 방송되었다. 또한 드라마를 공동제작한 한국의 KNN 방송을 통해 부산·경남 지역에도 소개되었다. 드라마는 후쿠오카를 대표하는 특산물 멘타이코를 개발한 후쿠야의 창업자 가와하라 토시오와 부인 치즈코 씨의 이야기를 담고 있다. 이 드라마를 만든 에구치 칸 감독은 한 인터뷰에서 "후쿠오카 출신이지만 드라마 제작 전에는 멘타이코가 부산에서 유래한 음식이라는 사실을 전혀 몰랐다. 멘타이코가 부산과 후쿠오카, 한국과 일본이 가지는 '역사적 거리'도 의미한다는 생각이 든다"고 말했다. 역사적 거리라니, 무슨 이야기일까.

후쿠야에서 만난 가와하라 마사타카 대표는 전통 복장인 나가핫피(야마가사 기간에 입는 예복) 차림이었다. 마침 때는 6월 말이었고, 7월 1일부터 후쿠오카 최대의 축제인 '하카타기온야마가사(博多祇園山笠)'가 다가와서 옷을 그렇게 입고 있다고 했다. 우연의 일치였을까. 돌아와 자료를 찾다 보니 창업자 토시오 씨도 나가핫피를 즐겼다. 1980년 7월 임종 직전 병원에 입원했을 때도 역시 그 차림이었다. 그는 '하카타기온야마가사' 활성화를 위해 무척이나 노력했다. 죽을 때까지 그 옷을 입었던 이유도 지역을 사랑하는 마음이었을 것이다.

멘타이코는 부산과 인연이 깊다. 창업자 가와하라 토시오와 부인 치즈코 씨 둘 다 부산 출생이다. 토시오 씨가 명란젓 제조의 힌트를 얻은 것도 어린 시절을 보낸 부산의 초량시장이었다. 부산 사람들이 마늘과 고추로 맛을 낸 명란젓 먹는 모습을 본 게 계기가 되었다. 그 명란젓은 무척이나 매웠다. 10대를 부산에서 보낸 토시오 씨는 태평양 전쟁에 동원되었다가 오키나와에서 패전을 맞이한다. 그는 전쟁이 끝나고 별 연고도 없던 후쿠오카의 나카스에 정착해 식료품점을 연다. 1949년 자신의 식료품점에만 있는 특별한 상품을 만들자는 생각으로 명란을 팔기 시작한다.

마사타카 대표가 창업자의 사진 앞에서 포즈를 취했다.

일본에서도 명란을 먹었다. 하지만 한국에서 먹던 젓갈 방식이 아니라 단순하게 구워 먹는 정도였다. 신상품의 이름을 어떻게 부를까도 고민이 되었다. 한국말 '명태'를 그대로 차용한 '멘타이'와 알이란 의미의 '코(子)'를 합성해 '멘타이코'라고 부르기로 했다. 어린 시절 한국에서 먹었던 명란을 기억하고 만든 멘타이코는 매웠다. 사람들은 너무 맵다며 먹지 못했다. 부인 치즈코 씨는 "그 맛을 아는 사람이 어쩌다가 사 가기는 했지만 처음 10여 년간은 거의 팔리지 않았다"고 한숨을 쉴 정도였다. 성공하는 사람은 뭐가 달라도 다르다. 가와하라 씨는 팔리든 안 팔리든 멘타이코의 맛을 높이는 연구를 멈추지 않았다.

10년이면 강산도 변한다고 한다. 10년 동안 멘타이코의 맛이 얼마나 변했을까. 10년간 시행착오를 거듭한 끝에 드디어 만족스러운 맛을 찾아냈다. 멘타이코가 개량을 거듭하는 사이에 점점 입소문을 타면서 인기도 높아졌다. 후쿠오카의 다른 상인들까지 찾아와 자신들도 가와하라 씨가 만든 멘타이코를 팔게 해달라고 부탁할 정도였다. 가와하라 씨는 이 부탁을 거절하고, 이들에게 멘타이코 만드는 법을 가르쳐준다. 특허를 신청하지 않고, 상표등록도 하지 않았다. 만드는 방법과 재료를 구하는 방법까지 전부 가르쳐주었다. 고기 잡는 법을 가르쳐준 것인데, 도대체 왜? 가와하라 씨는 "전쟁에서 살아 돌아온 만큼 나머지 인생은 덤이고 횡재"라고 자주 말했다. 돈이나 지위에 집착하지 않는 성격이라서 재산을 불리는 데도 크게 집착하지 않았다. 그는 나중에 "지역에 아무 연고도 없는 귀환자였던 자신을 받아준 후쿠오카에 은혜를 갚겠다는 마음이었다"고 밝힌다. 결과적으로 많은 업자가 명란젓을 만들며 멘타이코의 저변도 넓어진다.

하늘은 스스로 돕는 자를 돕는다. 멘타이코와 후쿠야가 전국적으로 성장할 계기가 찾아왔다. 1975년 신칸센이 개통되어 도쿄와 후쿠오카가 연결되자 후쿠야의 멘타이코는 단숨에 전국적인 인기 상품이 되었다.

후쿠야는 직원 숫자 641명에 연간 매출액이 200억 엔 규모로 성장했다. 그뿐만이 아니다. 일본에서 멘타이코를 만드는 회사는 약 200여 개에 달하는데 대부분이 후쿠오카에 밀집해 있다. 후쿠오카의 멘타이코 산업, 이건 모두 가와하리 씨 덕분이라고 해야겠다.

한국 사람은 명란을 거의 반찬으로만 먹는다. 반면에 일본에는 놀랄 만큼 명란을 이용해서 만드는 요리가 많다. 그 배후에 후쿠야가 있다고 본다. 후쿠야는 명란을 이용한 여러 가지 음식 레시피를 제공한다. 한 요리연구가가 명란을 이용한 요리책을 내고 싶다고 후쿠야에 찾아왔을 때는 기꺼이 감수까지 해주었다. 누가 명란으로 어떤 요리를 해봤더니 맛있다고 하면 직접 그 요리를 만들어보기도 한다. 감자에 명란을 올려서 파는 ‘감자명란 샐러드’도 고객이 가르쳐준 음식인데, 상당한 인기를 끌었다. 하지만 한국에 명란 스파게티로 알려진 ‘멘타이코 스파게티’는 후쿠야에서 만든 게 아니다. 마사타카 대표는 “깃사텐(다방)에서 생으로 내기 어려운 멘타이코를 넣고 같이 돌린 게 아닐까요”라고 말한다.

후쿠야는 독특한 마케팅 기법으로도 눈길을 끈다. 후쿠야는 창립 50주년 때 창업자 가와하라 씨의 일대기를 다룬 만화책을 만들었다. “사람들이 신문이나 잡지는 안 읽어도 만화는 읽겠지”라는 생각이었단다. 만화왕국 일본다운 마케팅이다. 마사타카 대표의 형인 고문 다케시 씨는 멘타이코의 탄생 비밀을 소개한 책『명란젓을 만든 남자』

明太子と父の物語
改良10年 満足の味生み出す
明太子をつくった男
ドラマ化決定！
めんたい ぴりり
明太子をつくった男
1,260円

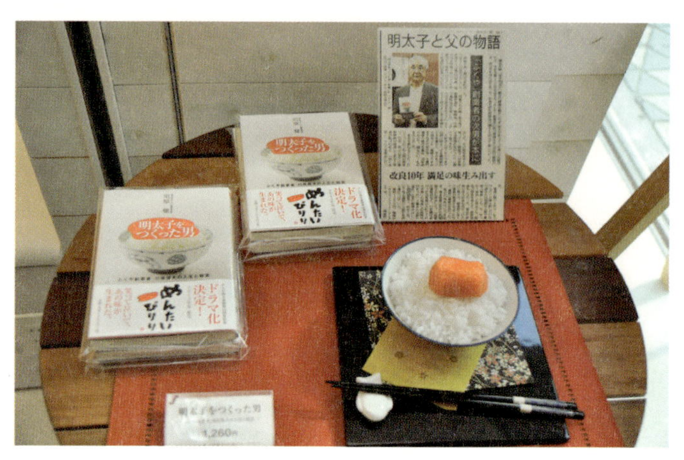

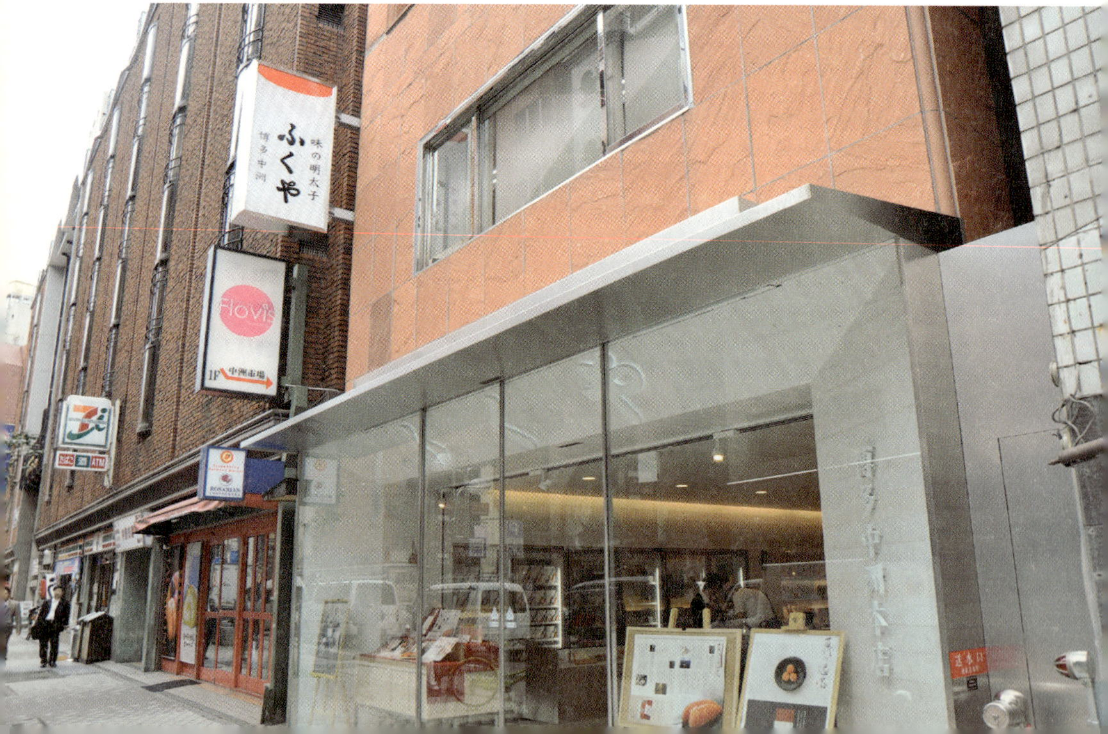
味の明太子
ふくや
博多中洲
Flovis
1F 中洲市場

를 금년에 출간했다. 이 책 역시 드라마 제작에 큰 몫을 했을 것임이 틀림없다. 드라마를 본 사람들이 후쿠야의 멘타이코를 더 찾을 것이고….

2013년은 후쿠야 창립 65주년이다. 그런데 이벤트는 '창업자 100주년 기념'으로 열었다. 65라는 숫자보다는 100이 더 뇌리에 새기기 쉽다고 판단한 것이다. 창업자를 기념한 특별 튜브 제품 1~3탄을 만들었다. 1탄은 매운맛이 특징인 가라시멘타이코(辛子明太子)이다. 보통 맛의 13배가 맵다.(진짜 맵다.) 가와하라 씨가 어린 시절 부산에서 먹었던 명란의 맛을 재현해 만든 상품이다. 2탄은 고급 제품. 3탄은 늘 새로운 것을 좋아했던 창업자가 살아 있었으면 이런 것을 만들었

을 것이라고 상상하고 만든 만든 튜브 제품이다. 튜브 속 명란에서 바질향 같은 향이 톡톡 터진다. 이벤트용으로 하나도 안 팔려도 좋다고 생각하고 만든 제품이었다. 가격도 배나 비싼데 대박이 났단다. 마사타카 대표는 "창업자의 소신인 시대와 고객의 입맛에 맞는 멘타이코를 만든다는 가르침을 이어가려고 노력하고 있다"고 말했다.

나오는 길에 선물로 줄 튜브 제품 몇 개를 샀다. 그런데 직원이 어디까지 가느냐고 묻는

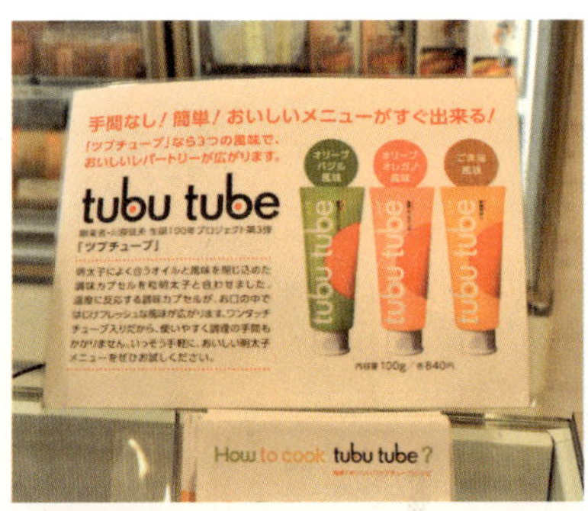

다. 가는 데 얼마가 걸리느냐에 따라 포장이 달라진다. 꼼꼼하게 냉
장 포장된 멘타이코는 냉장고에서 보
름간 보관이 가능하다고 했다. 우리
는 명란을 어떻게 팔고 있나, 갑자기
궁금해졌다.

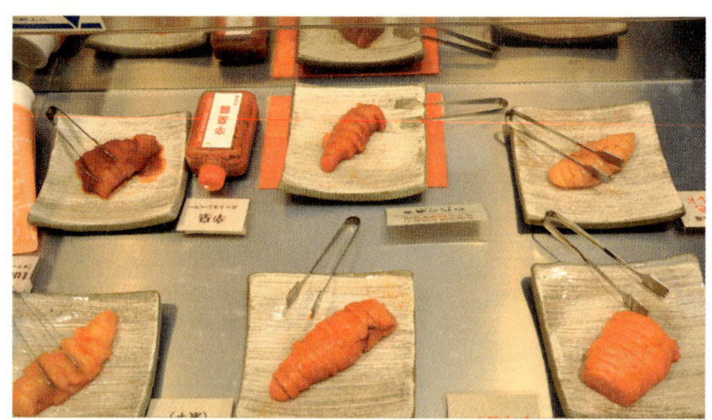

문명의 상징이 된 스키야키
오사카야

2012년에 가수 싸이가 발표한 곡 '강남스타일'은 미국 빌보드 차트에서 7주 연속 2위로 한국 가요 사상 가장 높은 빌보드 순위를 기록했다. 승승장구하던 강남스타일을 보며 다른 노래 하나가 생각났다. 1963년 아시아 음악가 최초로 빌보드 정상에 3주간이나 올랐던 일본인 사카모토 규의 '스키야키'이다. 그런데 이 노래에는 제목과는 달리 '스키야키'를 연상시키는 가사가 하나도 없다. 노래의 원제목은 '위를 보고 걷자(上を向いて步こう)'였다. 해외발매를 앞두고 외국인에게 익숙한 일본어로 바꾸며 '스키야키'라는 음식 이름을 제목으로 급조했다는 것이다. 스키야키가 일본을 대표할 만큼 유명하다는 이야기다. 역시나 우리나라의 한 백과사전에도 '스키야키는 일본의 쇠고기 음식을 대표하는 세계적으로 알려진 것이다'라고 소개가 되고 있다. 궁금하니 더 먹고 싶어진다. 대체 스키야키가 무엇이길래….

스키야키는 일본 음식사에서 차지하는 위치가 각별하다. 일본인은 7세기 후반 텐무 천황이 살생과 육식을 금지하는 칙서를 발표한 이래 무려 1천 200년 동안 육식을 금지당했다. 1870년대 들어서 일

본은 정부의 근대화정책 전개로 서양의 근대사상과 생활양식이 유입
되며 의식주에 큰 변화를 가져온다.

　군인이나 관리를 중심으로 양복이 퍼져 민간에게도 확대되고 서
양식 단발이 유행했다. 신식 벽돌 건물이 세워지고, 가스등과 인력
거가 새 풍물로 자리 잡는다. 1872년에는 음력을 폐지하고 태양력이
도입된다. 하루를 24시간제로 바꾸고 일요일 휴무제도 시행된다. 같
은 해인 1872년에 드디어 육식이 해금되고 서양요리를 예찬하는 캠
페인이 대대적으로 벌어진다. 육식 허용은 일본인의 체격을 키워 서
양인에 대한 열등감을 없애려는 의도로 시행되었다. 또한 서양요리
보급으로 서구의 뛰어난 음식문화, 나아가 발달한 문명을 흡수하려
는 것이었다.

고기도 먹던 사람이 먹는다. 육식을 안 하던 사람이 갑자기 고기를 먹기는 어렵다. 일본의 육식 재개는 소고기를 일본식으로 조리한 스키야키부터 시작됐다. 스키야키에는 얇게 썬 소고기가 사용된다. 일본을 여행하다 보면 스키야키나 샤부샤부용으로 얇게 썬 고기가 가게에 진열된 모습을 볼 수 있다. 일본 외에서는 좀처럼 볼 수 없는 진풍경이다. 일본에서는 왜 얇게 썬 고기가 생겨난 것일까? 육식을 일본 사람들이 좋아하는 생선 먹는 방식으로 변형한 것이다. 일본의 역사가들은 "다다미 위에 자리를 펴고 풍로를 놓고, 그 풍로에 영양가 높은 스키야키를 끓여 다 같이 젓가락으로 집어 먹는 데서부터 음식의 문명개화가 시작되었다"고 말한다. '스키야키를 먹어보지 못했으면 개화된 자가 아니다'라고 할 정도로 스키야키는 문명개화의 상징이 된다. 1870년대는 이런 시대였다.

1926년에 문을 연 후쿠오카 나카스(中洲)의 스키야키 가게 '오사카야(大阪屋)'를 찾아가는 길이다. 후쿠오카에서 전통 음식을 파는 음식점을 하면서 '오사카(大阪)'라는 다른 지방의 이름을 내건 점이 어쩐지 독특해 보였다.

오사카야의 탄생을 이해하기 위해서 잠시 이야기가 다른 쪽으로 빠진다. 백화점 명품관에 가면 일본에서 가장 오래되고 유명한 화장품 회사인 '시세이도(資生堂)'를 만날 수 있다. 해군 소속 약사였던 후쿠하라 아리노부 씨는 1872년 도쿄 긴자에 일본 최초의 서양식 약국인 '시세이도'를 연다. 그는 1900년에 미국 여행을 하다 약국에서 소다수와 아이스크림을 파는 것을 보고 새로운 사업에 대한 영감을 얻는다. 귀국 직후 기계와 재료를 미국에서 수입해 일본 최초로 아이스크림과 소다수를 팔기 시작한다. 아이스크림과 소다수는 대단한 인기를 누려 많은 문학 작품에까지 등장할 정도였다.

'오사카 상인' 니시가와 세이타로 씨는 이걸 지켜보다 아이스크림 기계를 규슈 지역에 팔기로 한다. 오사카가 어떤 곳이고, 오사카 사람이 어떤 성향을 가졌는지 알아야 이해가 빠르다. 일본에서 오사카는 '천하의 부엌'이라고 불린다. '오사카 사람들은 먹다가 망한다'는 말까지 있을 정도로 먹는 걸 좋아한다. 인스턴트 라면과 회전 초밥도 오사카 사람이 처음으로 개발했다. 그런데 오사카와는 달리 후쿠오카에는 니시가와 씨가 미처 생각하지 못한 문제가 기다리고 있었다. 안타깝게도 규슈 사람들은 아직 아이스크림이 뭔지를 몰랐다. 아이스크림을 모르는데 아이스크림 기계가 팔릴 리가 없다. '오사카 상인'의 후예답게 그는 아예 자신이 나서서 아이스크림을 만들어 팔기로 한다.

니시가와 씨는 1926년, 후쿠오카에 아이스크림 가게 '맛의 오사카야 식당' 문을 연다. 아이스크림 가게는 대박이었다. 당시에는 냄비에 아이스크림을 받아 갔던 모양이다. 냄비에 든 아이스크림을 집에서 먹으려고 보니 다 녹아서 없어졌다는 호랑이 담배 피우던 시절의 에피소드가 지금까지 전해온다. 아이스크림 장사는 잘되었지만 여름 이외의 계절에 손님이 줄자 일본 문명개화의 상징인 스키야키를 메뉴로 추가했다. 아이스크림 장사는 그 뒤에도 계속되다 40여 년 전부터 중단했다.

오사카야는 니시가와 씨의 며느리인 도모코 씨가 대를 이어 현재 30여 년째 안주인 역할을 하고 있다. 도모코 대표가 후쿠오카 상공회의소 및 규슈상공회의소 여성회 회장이라는 중책을 맡은 걸 보면 오사카야의 위상을 짐작할 수 있다. 도모코 대표가 외부 활동으로

바쁠 때가 많아 딸 구미코와 아들 신타로 씨가 가게 일을 돕는다. 구미코 씨가 한국에서 온 필자를 맞아 직접 스키야키 조리에 나섰다.

스키야키는 생김새나 맛이 불고기와 상당히 흡사하다. 그래서 스키야키가 우리나라 불고기에서 유래했다고 주장하는 사람들도 있다. 스키야키(鋤燒)의 '스키'는 논밭을 가는 가래(鋤)다. 열을 가한 가래 위에서 고기를 구워 먹은 것이 스키야키의 유래라고 한다. 양념을 즉석에서 하는 점과 날계란을 풀어서 찍어 먹는 방식이 불고기와 다르다.

구미코 씨는 먼저 냄비에 기름을 두른 다음 얇은 쇠고기를 익힌다. 거기다 다시마를 삶은 육수인 '고부다시'와 간장, 설탕, 멸치, 미림 등으로 만든 '와리시타'를 부어 맛을 조절한다. 미리 양념에 재운 불고기가 아니라 즉석에서 양념을 해 고기 맛이 더 살아 있다. 이 신선한 고기를 날달걀에 찍어 맛을 보니 달콤함이 입에서 무너져내리는 느낌이다.

1923년 간토(關東) 대지진 이후 간사이(關西) 지방의 스키야키가 간토 지방에 전해지며 날달걀을 찍어서 먹는 방식으로 바뀌게 되었단다. 누린내를 없애기 위해 넣고 끓이던 된장도 그 때부터 간장으로 바뀌었다. 오사카야에서는 고기를 굽는데 연기가 하나도 나지 않는다는 점이 특이하게 느껴졌다. 2009년 3월 돌솥용 무연 로스터를

'세이부'라는 회사와 공동으로 개발해 독점 사용하는 덕분이다.

구미코 씨는 마릴린 먼로가 조 디마지오와 일본에 신혼여행을 와서 영화관이 많았던 오사카야 주변에 들렀다는 이야기를 전한다. 오사카야도 참 오랜 세월 버티었다. 그 긴 세월 오사카야를 유지해온 비결은 무엇일까?

구미코 씨는 "맛은 집집마다 비슷해 50% 정도의 비중이라고 생각한다. 나머지는 가게의 느낌, 이야기, 추억 같은 것이다. 음식 장사는 손님과 종업원이 서로 얼굴을 맞대고 하는 일이어서 정성을 다하여 대접한다"고 말한다.

오사카야의 특징을 또 하나 발견했다. 오사카야는 종업원에게 후쿠오카 사투리를 쓰게 한다. 그 이유는 외지 손님들에게 후쿠오카에 왔다는 느낌을 갖게 하기 위해서이다. 억센 억양의 후쿠오카 사투리를 듣고는 손님들이 굉장히 즐거워한다. 우리나라의 경우 지방의 음식점에서는 표준말을 써야 서비스 수준이 높다고 생각하는 경향이 있다. 그 지방의 음식을 먹으러 갔으면 그 지방의 말씨를 듣는 게 당연한데도 말이다.

도모코 대표는 "지금까지 후쿠오카 관광을 지탱해온 큰 요인의 하나가 풍부한 식문화이다. 어디에서나 있는 듯한 것을 내서는 대접이 안 된다. 우리 가게에서만 맛볼 수 있는 것을 만들려고 매일 노력했다. 오리지널리티가 있어야 한다"고 말했다.

2013년 창업 88주년을 맞은 오사카야, 100주년까지 12년 남았다. 오사카야의 맛에 대해 자랑을 부탁했다. 3대째를 이어갈 구미코 씨는 "88년이라는 세월 동안 여러 사람이 함께 만든 맛이다. 후쿠오카 사람들이 만든 맛이다"라는 야무진 대답을 한다. 오사카 상인의 정신은 "하늘이 두 쪽 나도 노렌을 지킨다"라는 한마디로 요약할 수 있단다.

스키야키 코스 요리 3천 990엔부터. 영업시간 오전 11시 30분~오후 2시. 오후 5시~10시. 후쿠오카 현 후쿠오카시 하카타 구 나카스(福岡県福岡市博多区中洲55-3-16). 092-291-6331.

커피집은 왜 오래 못 해?
브라지레이로

우후죽순처럼 커피집이 생긴다. 새로 공사를 하는가 싶으면 어김없이 커피집이 들어서는 경우가 많다. 2011년 우리나라 성인 한 명이 마신 평균 커피가 무려 338잔에 달한다니 어느 정도 이해는 된다. 하지만 이 많은 커피집이 다 장사가 될까? 주변에 괜찮은 커피집이 생기면 반갑지만 이 가운데 몇 년 뒤에도 망하지 않고 지속하는 집이 몇 곳이나 될까, 생각하면 금방 우울해진다.

생명력이 긴 커피집이 드물다. 1952년 문을 열어 우리나라에서 가장 오래된 커피집으로 꼽히던 전주 경원동 동문 거리의 '삼양다방'이 2013년 7월에 문을 닫았다. 사람으로 치면 환갑이 된 상징적인 사랑방이 소문도 없이 사라졌다.

경기도 남양주에서 커피 박물관을 운영하는 박종만 관장은 "유럽에는 1700년대 커피집이 지금도 있다. 오래된 곳과 새로운 것이 공존해야 하지 않겠느냐. 삼양다방은 문화공간으로 충분히 가치가 있는 곳이었다"며 아쉬워했다.

후쿠오카에 80년에 가까운 역사와 2대째 대를 이어 운영하는 커피집인 '카페 브라지레이로'가 있다는 이야기를 듣고는 꼭 가봐야겠다고 결심했다. 한국의 커피 문화는 일본을 빼고는 이야기할 수 없을 정도로 지금까지 큰 영향을 받고 있다. 커피 업계에서는 '배전', '생두' 같은 일본 용어를 쓴다. 일본에서 커피 공부를 하고 온 사람들도 적지 않다.

하지만 대를 이어서 하는 커피집은 고사하고 오래 하는 곳도 찾기가 어렵다. 일본의 커피 문화를 배웠는데도 이런 전통만 살짝 빠진 이유가 궁금해졌다.

우리나라와 일본 양국에서 각각 어떻게 커피가 발전했는지를 역사적으로 살피며 실마리를 찾기로 했다. 우리나라에서 근대적 의미의 커피집은 1923년을 전후해 생겼다. 명동의 '후타미(二見)'와 충무로의 '금강산'이라는 일본인이 하던 다방이다. 1976년 동서식품이 처음 개발한 커피믹스는 커피를 혁명적으로 대중화시킨다. 1978년에 처음으로 등장한 커피 자판기 덕분에 사람들은 편리하게 커피를 즐기게 된다. 1999년 이화여대 인근에 처음으로 생긴 '스타벅스'는 인스턴트 커피에서 원두커피 중심으로 커피 시장의 패러다임을 바꾸었다. 2013년 커피집은 주택가 골목까지 스며들고 있다.

일본은 현재 세계 3위의 커피 수입국이다. 녹차를 즐겨 마시던 일본인이 어떻게 커피에 맛을 들이게 되었을까? 커피는 에도시대 후기 나가사키를 통해서 처음 들어왔다. 1868년 메이지유신을 전후해 서양문물이 활발히 유입되면서 일본에는 '깃사텐'이라 불리는 다방이 속속 들어섰다.

일본은 유럽의 드립 커피를 도입해 독특한 핸드드립 문화를 만들었다. 초기에 독일에서 발명된 멜리타 드리퍼(추출기)를 사용했지만 고노, 칼리타, 하리오 등 일본에서 자체적으로 개발한 드리퍼를 주로

BRASILEIRO
The long-established store
coffee store in Hakata
1934
Café
Brasileiro
博多の名舗珈琲店　ブラジレイロ

사용하게 된다. 원조인 멜리타를 모방해서 재창조한 것이다.

미국에서는 기계 방식인 에스프레소를 주로 마신다. 핸드드립 방식은 일본·한국을 중심으로 동아시아에서 인기를 끌고 있다. 그 이유는 커피를 마시는 문화 차이 때문이라고 할 수 있다. 한국을 방문한 고노 사(社)의 마사노부 대표는 "국민성에 따라 다른 것 같다. 미국 사람들은 햄버거처럼 패스트푸드를 좋아한다. 핸드드립은 기다리고 정성 들여서 커피를 마시는 차 문화가 발달한 아시아 사람들에게 잘 맞다"고 말했다.

하지만 세계화된 세상에서 일본만 고립된 섬이 될 수는 없다. 1996년 스타벅스가 상륙하면서 일본에서도 에스프레소를 기본으로 한 다양한 커피가 젊은 층을 중심으로 인기를 얻고 있다. 그 결과 대형 프랜차이즈 커피집이 급성장하며 개인이 경영하는 커피집은 점차 감소하는 추세다. 커피집 경영이 만만찮아진 것이다.

1, 2층으로 된 산뜻한 흰색 건물 '카페 브라지레이로'에 들어가 2층 창가의 빈자리에 앉았다. 노포가 주는 특유의 편안함 때문인지 처음 방문인데도 낯설지 않게 느껴진다. 한쪽 벽에는 기모노를 입고 커피를 내리는 일본 여성의 모습을 담은 흑백 사진이 걸려 있다. 순간 그녀가 "어머, 또 한국분이 오셨네"라고 말하며 살짝 쳐다보는 것처럼 느껴졌다. 카페 브라지레이로는 커피 마니아들의 순례지가 되어서 한국 손님도 드물지 않게 찾는다.

카페 브라지레이로가 자랑하는 커피 중 하나인 마일드 커피를 시켰다. 핸드드립으로 내린 커피는 신선함과 함께 바디감이 있어서 깊이가 느껴진다. 여기에다 직접 만든 부드러운 생크림을 더하니 여행의 피로를 잊게 하는 묘약이 따로 없다. 그 밖에도 아메리칸 타입의 '소프트', 순한 맛과 향의 '클래식', 카리브해 섬의 고급 원두를 사용한 '카리브의 꽃', 약간 깊은 배전의 에스프레소 타입인 '베네치안' 등이 많은 사랑을 받는다. 빵이나 케이크 등 모든 음식도 핸드메이드이다. 특히 도미그라스 소스를 듬뿍 넣어 푹 끓인 핫슈도비프(hashed beef), 민치가스, 오무라이스 등의 메뉴를 통해 후쿠오카의 맛집으로 꼽힐 정도다.

카페 브라지레이로는 가게와 비슷한 나이의 노부부가 운영하는 노포이다. 카페 이야기를 들려주기로 약속한 나카무라 요시타 대표가 자전거를 타고 와 카페에 들어섰다. 나카무라 대표의 아내 구미코 씨는 먼저 도착해 1층에서 커피를 내리는 중이다.

나카무라 대표의 부친인 창업자 나카무라 야스에 씨는 브라질 상파울루 주와 무역을 했다. 사람들에게 이걸 선전할 목적으로 1934년 4월에 카페를 열고 '카페 브라지레이로'라고 이름을 지었다. '브라지레이로'는 포르투칼어로 브라질 남성을 의미한다. 나카스 강가에 근사한 2층 건물이 등장하자 사람들이 몰려들어 길게 줄을 설 정도였다. 규슈의 많은 문화예술인들도 카페 브라지레이로를 찾아와 시회(詩會)까지 개최하는 등 문화 살롱 역할을 특톡히 했다. 그들은 카페 브라지레이로를 줄여서 친근감 있게 '레이로'라고 불렀다. '레이로'는 태평양 전쟁으로 문을 닫았다, 종전 후인 1946년에 새로 문을 열었다.

나카무라 대표가 부친으로부터 카페를 인계받은 지는 올해로 37년째. 딱딱한 커피콩처럼 과묵한 나카무라 대표였지만 커피에 대한

자부심은 대단했다. 나카무라 대표는 호텔학교에서 서비스와 카페경영을 배웠다. 그의 부지런한 노력 덕분에 카페 브라지레이로가 자랑하는 블렌드 커피(Blend coffee)의 종류는 일곱 가지로 늘었다.

나카무라 씨의 취미는 알려지지 않은 희귀한 생두 발굴하기이다. 집 안에는 온통 생두 투성이라고 했다. 나카무라 씨는 카페 브라지레이로와 집에서, 적외선 반열풍에 의한 로스팅을 하고 있다. 그는 "난 후쿠오카를 벗어난 적이 한 번도 없다. 집에서 늘 원두를 관리하고 매일 맛 테스트를 해야 하기 때문이다"고 말했다. 왠지 미안하기도 하고, 안쓰럽기도 했다. 한 자리를 오래 지킨다는 게 얼마나 힘든 것인가가 느껴졌다.

후쿠오카의 유명한 카페를 순례한 뒤『후쿠오카 카페 산책』이라는 책을 쓴 코사카 아키코 씨는 "취재하면서 내가 깊이 느꼈던 건 이 일이 금전적, 체력적, 정신적으로 절대 수월하지 않다는 것이다. 그런 탓에 자식에게 뒤를 잇게 하는 것은 아직 생각 중이라는 이야기를 많이 들었다"고 말했다.

안타깝게도 이들 부부에게는 카페를 물려줄 자식이 없다고 했다. 카페 브라지레이로의 미래는 어떻게 될까? 실례인 줄 알면서도 앞으로 어떻게 할 것이냐고 물었다.

안주인 구미코 씨는 "앞으로 어떻게 될지 솔직히 잘 모르겠다. 그보다는 매일 오는 손님이 이 집 커피가 맛있다고 하는 게 중요하다고 생각한다. 그런 이야기 듣는 것을 보람으로 여기고 일하고 있다. 중요한 것은 커피의 장점을 다음 세대에 전달하는 일이다. 남편하고도 그렇게 의견 일치를 보았다"고 말했다.

카페 브라지레이로에서 나오는 길에 카탈로그를 집어들었다. '물질적인 것에서 마음의 시대로 가치관이 변하는 현재, 한층 더 마음을 담은 맛과 가게를 만들도록 노력하겠다'고 소개되어 있다. 이런 게 노포의 저력이다.

각종 커피 400~530엔. 영업 시간 오전 10시~오후 8시 30분(토 7시). 일요일 휴무. 후쿠오카 시 하카타 구 덴야마치 1-20(福岡市博多区店屋町 1-20). 092-271-0021.

:: 나폴리탄 ::

　　학창 시절에 '나폴리탄'이라는 요리가 무척이나 궁금했다. 일본의 소년만화를 좋아했던 분이라면 아실 테다. 만화 속에 종종 등장하는 요리다. 그러나 우리나라의 어떤 이탈리안 레스토랑에서도 그 메뉴를 찾아볼 수 없었다. 나중에야 그 이유를 알았다. 나폴리탄은 이탈리안 음식이 아니라, 일본 음식이었다!

　　나폴리탄이란 쉽게 말해 토마토케첩을 기본 소스로 하는 스파게티다. 일본파스타협회의 추천 레시피에 따르면 '나폴리탄은 스파게티 면에 베이컨, 양파, 피망, 토마토 등의 부재료를 넣고, 토마토케첩을 끼얹어 볶은 요리'이다.

　　나폴리탄의 기원에 대해서는 여러 가지 설이 있다. 그중 2차 대전 직후 연합군 총사령부 산하 요코하마 시의 한 호텔 총요리장이 미군의 식사를 참고로 해 만들었다는 설이 가장 유력하다. 그 외에도 여러 설이 있지만 어느 것이든 모두 일본에서 태어났다는 사실에는 변함이 없다.

　　그런데 일본 태생의 이 음식 이름이 왜 '나폴리탄'일까? 이탈리아에는 '나폴리타노 소스(Ragù napoletano)'가 있다. 토마토케첩과 비슷한 느낌이 나는 소스이다. 그래서 토마토케첩 범벅의 이 음식이 나폴리탄이라 불리게 됐다. 그러나 정작 나폴리 사람들이 이 음식을 먹는다면 "왜 '나폴리'가 붙어 있냐"며 의아해할 테다.

　　나폴리탄은 이탈리안 스파게티 소스를 구하기 힘들던 시절, 집에서도 손쉽게 만들 수 있는 스파게티 요리로 일본 전역에 퍼졌다. 하지만 정통 이탈리안 요리가 유행하면서 다소 촌스러운 이 '짝퉁' 스파게티는 점점 사라졌다.

일본에선 최근 나폴리탄이 다시 유행이다. 일본의 대표 레스토랑 브랜드인 '프론토(PRONTO)'는 2012년 9월부터 일부 점포에 시험적으로 나폴리탄 메뉴를 집어넣어 폭발적인 인기를 끌었다. 2013년에는 전국의 모든 점포에 나폴리탄을 확대했다. 그 밖의 많은 레스토랑에서도 나폴리탄을 메뉴로 속속 복귀시키고 있다.

이러한 현상은 최근의 일본 경제불황과 관련이 있다. 팍팍한 일상 속에서 '그때가 좋았지'라며 향수를 자극하는 것들이 인기를 끌고 있다. 일본인들에게 '그리운 맛'인 나폴리탄도 그중 하나다. 마치 우리나라에서 '양은 도시락' 같은 복고풍이 유행하는 것과 비슷한 현상이다.

나폴리탄과 관련한 개인적 일화를 하나 소개한다. 2011년 일본 규슈의 '니시니혼신문(西日本新聞)'에 파견되어 근무할 때다. 당시 한국에서는 '나가사키 짬뽕'이라는 이름의 인스턴트 라면이 인기를 끌고 있었다. 니시니혼신문의 지면에도 한국의 '나가사키 짬뽕'이 소개되기도 했다. 어느 날 한국에서 '나가사키 짬뽕'을 구해 와 먹어본 니시니혼신문의 한 기자가 찾아와서 불평을 털어놓았다. "이웃 나라의 명물 이름까지 가져다 팔 거면 적어도 '나가사키 짬뽕'의 명성에 누를 끼쳐서는 안 되는 것 아니냐, 이게 무슨 '나가사키 짬뽕'의 맛이냐?"

냉정히 말해 맞는 말이다. 그도 그럴 것이, 이름만 '짬뽕'이지 사실 인스턴트 라면이다. 필자가 사과할 이유는 없었지만, 한국인의 한 사람으로서 일단 정중히 사과했다. 그리고 한 마디를 덧붙였다. "그런데, 일본 전역의 나폴리탄은 어떻게 할 거냐? 나폴리에 가봤지만, 그런 음식은 찾아볼 수도 없었다."

생각

P
a
r
t

5

료칸 자체가 문화재
요요카쿠

　　료칸(旅館)은 일본의 전통적인 의식주 생활문화가 모인 복합공간이다. 일본에는 문을 연 지 천 년이 넘어 세계 최고(最古)의 호텔로 인증된 료칸도 있다. 하지만 저렴한 숙소나 호텔을 선호하는 젊은 층에 외면당하며 경영의 어려움을 호소하는 료칸이 늘고 있다. 료칸은 이런 위기를 극복하고 계속해서 전통을 이어갈 수 있을 것인가. 풍상을 견디고 여러 대를 이어온 료칸은 살아남기 위해 어떤 노력을 하고 있을까.

　　후쿠오카에서 지하철로 한 시간 거리인 사가 현 가라쓰 시(唐津市). 가라쓰(唐津)의 '당(唐)'은 대륙, '진(津)'은 나루터, 즉 대륙으로 가는 나루터라는 뜻이다. 가라쓰 시는 일본이 임진왜란을 일으켜 조선을 침략할 때 전초기지였다. 임진왜란이 끝나고 일본이 끌고 간 수많은 한국의 도공이 처음으로 터를 잡은 곳이 또 가라쓰였다. 그 덕분에 가라쓰는 지금까지도 도자기로 유명한 지역이 되었다.

　　가라쓰 시를 찾은 이유는 1893년에 문을 열어 100년이 넘는 전통의 목조건물을 자랑하는 '요요카쿠(洋々閣)' 때문이다. 료칸 자체가 문화재(규슈에서 유일)이니 말 다했다. 요요카쿠는 진정한 일본 전통

문화를 느낄 수 있는 료칸으로 유명하다. 영화 〈티벳에서의 7년〉을 만든 프랑스의 장 자크 아노 감독은 "도쿄에서 제일 좋은 호텔에 묵었지만 요요카쿠에서 비로소 일본을 느꼈다. 요요카쿠는 일본의 아이덴티티다"라고 말했다.

　도올 김용옥은 첫 방문 이후 19년 만인 2010년에 요요카쿠를 다시 찾아 "이곳에 머무는 것은 최고의 가치가 있다"는 극찬을 방명록에 남겼다. 대체 요요카쿠에는 무엇이 있길래 이런 찬사가 나오는 것일까. 요요카쿠에 하루 묵으면서 궁금증을 풀어보기로 했다.

　료칸이 아니라 흡사 오래된 미술관 속으로 들어온 느낌이었다. 표면이 울퉁불퉁한 유리창(유리 제조 기술이 좋지 않던 오래전에 만든 까닭이다), 그 창을 통해 보이는 정원의 푸름은 정겹고 시원했다. 실내는 밝을 만큼만 밝고, 어두울 만큼 어두워 마음을 편하게 해주었다. 나무 복도를 걸을 때 삐걱거리는 소리는 가슴까지 그 울림이 전해져 왔다. 세월의 때가 곱게 묻은 요요카쿠는 또한 현대적이고 세련되었다. 신구의 조화가 정말 기가 막혔다.

　정원으로 나가니 300년이나 산 곰솔이 세월의 풍파에 이리저리 굽어 있다. 소나무를 관리하는 직원만 네 명이다. 솔잎 하나하나를 손으로 뽑아 관리한다는 말까지 나온다. 그만큼 정성을 쏟는다는 이야기일 것이다.

　요요카쿠의 정원은 일본 정원의 4대 양식 중 하나인 '고산수식(枯山水式)'으로 만들어졌다고 했다. 쉽게 말해 물이 없이 이루어진 정원이다. 정원을 만들 때 오직 바위나 자갈을 위주로 사용했다. 폭포는 청석(靑石), 계곡과 바다는 자갈, 갈매기는 경석(景石), 다리는 디딤돌로 표현하는 수법이다. '없어도 만족한다'는 자연관과 인생관에서 유래한 것이다.

　정원에 서니 바람이 부르는 노래가 들리고, 구름이 느긋하게 가는 모습이 보인다. 바깥세상과 시간이 정말로 다르게 흘렀다. 그냥 그 자리에 내가 있다는 사실이 좋았다.

요요카쿠 안에는 일본이 자랑하는 세계적인 도예가 나카사토 타카시의 갤러리가 있다. 그의 작품이 보고 싶어서, 그의 작품에 담긴 음식을 먹고 싶어서, 그리고 작품을 사고 싶어서 온 손님이 절반이다. "요요카쿠의 가장 큰 자랑은 손님의 수준"이라는 말에 고개를 끄덕이게 된다.

누가 그 집에 사느냐에 따라 집은 크게 달라진다. 3대째를 잇고 있는 오코우치 아키히코, 하루미 씨 부부를 빼고는 요요카쿠를 설명할 수 없다. 이들 부부는 한국과의 인연이 깊었고, 한국에 대한 사랑은 각별했다. 한국어에 능통한 여주인 하루미 씨는 부산 서대신동에서 태어났다. 한국을 100번도 넘게 온 아키히코 씨는 "일본 문화를 함축해놓은 게 료칸이다. 일본 문화를 알리는 게 내가 할 일인데 죽기 전까지 한국인들이 많이 왔으면 좋겠다"고 늘 이야기하고 다닌다. "정말 일본을 알고 싶어하는 한국 사람이라면 헐값에라도 묵게 하고 싶고, 그런 목적 없이 돈만 많은 사람은 원치 않는다"고 자주 강조했다.

아키히코 씨는 26세에 고향으로 돌아와 가업을 이은 지 50년이 넘었다. 그는 아들 셋 중 막내이지만 첫째와 둘째가 직장을 가지며 자연스럽게 료칸 일을 맡게 되었다. 료칸 명의는 장남 앞으로 되어 있고, 월급은 한 푼도 못 받으며 시작한 일이었다. 그의 부친은 요요카쿠가 점점 낡아가며 사람들이 잘 오지 않는 허름한 료칸이 되어가자 그만두고 싶어 했다. 100년이 넘어도 이렇게 멋진 료칸이 50년 되었을 때 낡았다고 생각했다니 어리둥절해진다.

"점점 낡아만 가는 요요카쿠를 어떻게 재건할 것인가?" 이 문제를 고민하던 무렵 부친이 돌아가셨다. 돌이켜 보면 생각이 낡았지, 요요카쿠가 낡은 것이 아니었다. '요요카쿠(洋々閣)'의 '요요'는 넓고 광활하다는 뜻이다. 태평양과 대서양이 만나는 곳이 또 '요요'이다. 운명적인 이름이 아니었을까. 그는 경영을 맡고는 바로 인바운드(외국인의 국내 여행)에 눈을 돌렸다. 근처의 사세보 미군 기지에서 루스벨트 미국 대통령의 손자를 알게 되고는 외국인 친구가 꼬리에 꼬리를 물며 늘어났다.

그 당시 일본에는 외국인이 많이 묵는 호텔이 있었지만 그건 진짜 일본이 아니라고 생각했다. 화려하지는 않지만 진짜 일본을 느끼게 해주고 싶었다. 일본 문화를 전수한다는 마음이었다.

료칸 조합에 나가서도 외국인을 적극적으로 받아들여야 한다고 주장했지만 아무도 귀담아듣지 않았다. 방향 전환은 성공적이어서 요요카쿠의 객실 18개 전체에 외국인만 숙박하는 날도 있었다. 그는 지금도 한국에서 규슈관광상담회가 열리면 혼자서라도 열심히 참가한다.

노부부와 저녁을 같이했다. 아키히코 씨는 "술을 뭐로 하면 좋을까? 샤부샤부와 사케가 잘 맞을지 모르겠다"고 걱정했다. 부드러운 사가 소고기가 들어간 샤부샤부와 술로 유명한 사가의 사케는 입에서 춤을 추었다. 모든 음식을 가라쓰 도자기에 담아내니 얼마나 대접받는 기분인지 모른다. 처음에는 집에 두고 온 가족에게 미안하더니, 그것도 금세 잊고 행복하고 편안한 밤을 보냈다.

간밤에 비가 조금 온 덕분에 소나무에 걸린 빗방울이 반짝거린다. 아침 조식은 콩, 두부, 전갱이, 보리밥 등 몸에 좋은 것으로 구성되었다. 잊지 못할 하루였다.

아키히코 씨도 료칸의 미래에 대해서는 밝게 보지 못한다. 국산(일본산)도 안 쓰고, 요리에서 이윤을 남기려고 요리장을 두지 않는 료칸까지 나타났다. 원가 절감을 위해 코스 요리에서 몰래 음식 종류를 빼거나 반조리를 해서 내는 경우도 생겨났다. 작은 료칸을 인수·합병하는 리조트 회사 또한 료칸의 전통을 위협하고 있다. 요즘에는 중국 자본이 들어왔다는 이야기도 들린다.

가깝게는 4대째를 이을 준비를 하는 아들 마사야스 씨도 걱정이다. 나름대로 열심히는 하지만 문화는 하루아침에 이루어지지 않기 때문이다. 벽에 포스터 하나를 붙여도 미(美) 의식이 있어야 하는데, 이것까지 부모가 알려줄 수 없는 노릇이다. 하루미 씨는 이런 남편에게 아들에 대해 제발 칭찬하라고 부탁한다. 그렇게 해야지, 해야지 하면서도 잘 안 되는 모양이다.

알고 보니 이들 부부는 친자식이 없어서 형님 아들을 양자로 들였다. 마사야스 씨는 양자가 되어 요요카쿠의 대를 잇기 싫다고 은행에 취직하더니 여기에 온 지 6~7년쯤 되었단다. 아키히코 씨는 솔직한 심정을 털어놓았다.

"아들은 내 흉내를 내는 것 같다. 주인이 바뀌면 건물은 같지만 소프트웨어는 바뀐다. 아들은 아들의 생각대로 하는 게 좋다. 여기를 좋아해서 오던 손님이 계속 올지는 의문이고, 어느 순간 손님층도 바뀔 것이다. 노력에 따라 달라지겠지만 그건 아들의 몫이다. 손님의 심리를 알아야 하는데 정말 어렵다."

다음 날 만난 아들 마사야스 씨의 이야기는 좀 달랐다. 아버지가 요요카쿠로 오라고 했을 때는 준비가 안 되었다고 판단했단다. 외국계 은행에서 10년을 채워 인맥을 넓히고 요요카쿠에 돌아온 것이었다.

"젊었을 때는 서양문화밖에 관심이 없었다. 밖에서 보니, 또 나이가 들수록 일본 문화가 좋게 느껴졌다. 일본인은 일본 문화를 잊어가고 있다. 진짜 일본을 낡은 료칸에서 느꼈는데 이걸 세계인에게 알리고 싶다. 아버님이 하신 일은 대단하다. 소중하게 생각하며 잇고 싶다."

그는 "두 분이 나중에 안심하고 돌아가실 수 있도록 한국어 공부를 할 생각이다"라고 말했다. 아키히코 씨는 "그저 한국 손님을 많이 유치하려는 목적에서만 한국어 공부를 하면 안 된다. 한국이 정말 좋아서, 한국 사람이 많이 왔으면 좋겠다고 생각해야 한다"고 또 지적한다. 료칸은 이렇게 이어지고 있었다.

요요카쿠를 나와 가라쓰역으로 가는 길에 소나무 방풍림을 만났다. 길이 5km에 달하는 이 방풍림은 400년 전 가라쓰의 영주가 조성했단다. 아키히코 씨의 마지막 말이 방풍림 속에서 오랫동안 메아리처럼 울리는 것 같았다. "내가 여러 나라에 친구가 있는 이유는 진짜로 마음이 통하는 관계를 맺었기 때문이다. 국적에 상관없이 좋은 것은 좋은 것이고, 나쁜 것은 나쁜 것이다." 더 늦기 전에 한 번 더 그를 만나고 싶다.

숙박 요금 일인당 1만 8천 900부터. 사가 현 가라쓰 시 히가시가라쓰 2-4-40(佐賀県唐津市東唐津 2-4-40). 0955-72-7181.

상식을 깬 흑돼지 샤부샤부
아지모리

　　　때론 너무 가까이 있어 그 가치를 제대로 알지 못한다. 늘 제 옆에 있는 사람의 매력을 매일 새롭게 느끼기란 쉽지 않다. 오히려 낯선 사람에게서 느끼는 첫인상의 매력에 미혹될 때가 더 많다. 인간관계만 그런 것은 아니다. 일본의 남단인 규슈 가고시마의 특산물 흑돼지. 그 매력에 빠져 그에 가장 잘 어울리는 요리인 흑돼지 샤부샤부를 만들어낸 '아지모리(あぢもり)'의 사토 고야 사장은 아이러니하게도 일본의 북쪽 섬 홋카이도의 삿포로 출신이다.

　　　샤부샤부는 '팔팔 끓는 국물에 아주 얇게 썬 쇠고기를 살짝 익혀 새콤한 소스를 찍어 먹는 요리(두산백과 인용)'다. 샤부샤부의 기원에 대해선 말이 많다. 13세기 칭기즈칸이 대륙을 평정하던 시절, 투구에 물을 끓이고 고기를 익혀 먹던 야전 요리에서 시작됐다는 설도 있고, 우리나라의 토렴이 그 기원이라는 주장도 있다. 토렴은 밥이나 국수에 뜨거운 국물을 부었다가 따라내는 것을 여러 번 반복해 데우는 방식을 일컫는다.

　　　어쨌든 현대의 샤부샤부는 일본에서 생겨났다. 수년 전 우리나라에서도 샤부샤부 붐이 일어 샤부샤부 전문점이 우후죽순처럼 문을 열기도 했다. 일본이든 한국이든, 샤부샤부라고 하면 으레 소고기를 데쳐 먹는 것이 상식이다.

일본 가고시마에선 '샤부샤부=쇠고기'라는 상식이 뒤집힌다. 샤부샤부에 흑돼지고기를 넣어 먹어야 제맛이라는 것이다. 이런 비상식이 가고시마에 자리 잡은 것은 불과 30여 년 전부터이다. 비상식을 상식으로 만든 것은 바로 흑돼지 샤부샤부의 원조 아지모리다.

아지모리는 원래 라멘집이었다. 50년 이상 가고시마 시내에서 라멘을 만들어 팔았다. 그러나 34년 전 아지모리는 가고시마 최초의 흑돼지 요리전문점으로 탈바꿈했다. 그것은 가고시마의 흑돼지를 지켜내겠다는 사토 사장의 확고한 의지의 반영이었다.

삿포로 출신인 사토 사장은 고등학교를 졸업하고 도쿄로 상경, 게이오대학에 입학한다. 대학을 졸업한 뒤 효고 현의 운송기기 제조회사에 취직하고, 그즈음에 가고시마 출신의 부인을 만나 결혼한다. 1974년 겨울, 가고시마에서 라멘집 아지모리를 경영하던 장모가 병으로 쓰러진다. 평소 샐러리맨 생활이 맞지 않는다고 생각해오던 사토 씨는 회사를 그만두고 장모를 돕기 위해 가고시마로 내려와 아지모리를 이어받는다.

라멘집을 경영하던 사토 사장은 가고시마 흑돼지와 운명적으로 만난다. 그것은 어느 선배의 집에서였다. 대학 시절 응원단에서 4년간 활동했던 사토 사장은 같은 응원단 출신인 한 선배가 가고시마 시내에 살고 있다는 것을 알게 되고는 그 집을 방문한다.

그때 선배가 내어준 것이 흑돼지 요리다. 농업시험장에서 흑돼지 품질 개량 업무를 맡고 있던 선배는 "이렇게 맛있는 가고시마의 돼지가 점점 줄어들고 있다"며 사토 사장에게 "흑돼지 응원단장이 되어주지 않겠나"라고 제안했다. 당시 가고시마에서는 흑돼지를 사육하는 농가가 점점 줄어들고 있었다. 일반 돼지보다 사육이 어렵고 새끼도 적게 낳기 때문이었다. 1970년대에 들어서는 가고시마 흑돼지는 멸종 위기에까지 놓였다.

사실 가토 사장은 돼지고기를 좋아하는 편이 아니었다. 그러나 그날 선배 집에서 먹은 가고시마 흑돼지는 달랐다. '지방이 많고, 쇠고기보다 상대적으로 덜 부드럽다'는 기존의 돼지고기 이미지와는 정반대였다. "이 맛이라면 충분히 승부가 가능하다고 생각했어요." 사토 사장은 선배의 제안을 받아들인다.

1978년, 라멘집은 흑돼지 요리전문점으로 변신한다. 그러나 가게 이름은 그대로 이어갔다. "'아지모리'라는 이름이 마음에 들었습니다. 왠지 제게는 '흑돼지의 맛을 지켜라'라는 계시로 들렸기 때문입니다." 아지모리의 '아지(あぢ)'는 일본어로 '맛'이라는 의미가 있는 '아지(味. あじ)'와 음이 같다. '모리'는 '마모루(まもる·지키다)'의 명사형인 '마모리(まもり)'에서 따왔다. 그러나 기존의 돼지고기 메뉴만으로 흑돼지의 매력을 제대로 살리기에는 뭔가 부족했다. 흑돼지만의 메뉴가 필요했다. 그래서 생각해낸 것이 바로 흑돼지 샤부샤부다.

"흑돼지고기는 그 자체만으로도 충분히 매력적인 맛을 냅니다. 일본에서 돼지고기는 양념해서 먹는 것이 일반적인데, 양념을 뺀 고기 자체의 맛을 제대로 살릴 수 있는 요리 방법을 고민하다가 '쇠고기 대신 돼지고기로 샤부샤부를 만들어보면 어떨까'라는 생각을 하게 되었지요."

아지모리의 샤부샤부는 채소를 먼저 육수에 넣고 채소가 어느 정도 익은 후 고기를 넣는 일반적인 샤부샤부와는 다르다. 일단 고기만 육수에 데쳐 먹는다. 그렇게 고기 자체의 맛을 즐긴다.

씹는 감촉이 부드럽다. 제주도 흑돼지를 생각하면 우선 쫄깃쫄깃함이 떠오르는데, 가고시마 흑돼지는 부드럽다. 물론 굽느냐, 끓는 물에 살짝 데치느냐의 차이도 있을 것이다.

또한, 아무런 양념도 하지 않았는데도 달다. 초콜릿 같은 단맛이 아니라 '달짝지근하다'. 초콜릿의 단맛은 밥을 부르지 않지만, 이 달짝지근함은 밥과 함께 먹어도 좋겠다. 약간 짠맛이 배어 나오기 때문일까. 육수의 영향일까. 거의 맹물 같은 육수에 든 내용물은 비밀이다.

이번에는 육수 국물을 앞접시에 약간만 부어 넣고 날달걀을 푼 다음, 고기를 살짝 찍어 먹어본다. 흑돼지만의 오묘한 단맛은 조금 변하지만, 날달걀을 묻힌 고기는 더 부드러워진다. 먹어보면 누구나 '샤부샤부는 역시 흑돼지야' 하겠다.

흑돼지 샤부샤부가 처음부터 인기몰이를 한 것은 아니었다. 상식을 넘어서려면 상식이 발목을 잡는다. 흑돼지 샤부샤부가 처음 메뉴판에 이름을 올렸을 때, 사람들은 백이면 백, 다 이렇게 말했다. "에이, 샤부샤부는 소고기지, 돼지고기가 웬 말이야."

하지만 맛은 거짓말을 하지 않는다. 시간이 문제였을 뿐이다. 선입견이 빨리 변하지는 않았다. 서서히, 아주 천천히 입소문을 탔다. 시나브로 손님이 한두 명씩 늘기 시작했다. 흑돼지 샤부샤부가 인기를 끌면서 돈가스도 덩달아 잘 팔리기 시작했다. 간판메뉴의 힘이다. 돈가스를 먹어보면 헷갈린다. '어떤 게 진짜 간판메뉴야?' 튀김옷의 바삭거림에 이은 속살의 부드러움이 다시 한 번 흑돼지고기의 매력을 느끼게 한다.

입소문이 나면서 가

고시마 시내에 흑돼지 샤부샤부를 메뉴에 포함하는 가게도 함께 늘었다. 자신이 애써 개발한 음식을 남들이 베껴 장사하면 속이 상할 법도 하건만, 사토 사장은 그렇지 않다. 원래 목적이 돈을 버는 것이 아니라 가고시마 흑돼지를 지키는 것이었기 때문이다. "흑돼지를 응원하려는 제 마음을 모두가 응원해준 결과라고 생각합니다." 그렇게 10여 년이 지났다. 가고시마 흑돼지 샤부샤부는 전국적으로 이름이 알려져 지역의 자랑거리가 되었다.

일본에서도 흑돼지 샤부샤부는 가고시마 지역에서 오래전부터 먹어오던 음식이라고 생각하는 사람들이 많다. 홋카이도 출신의 한 남자가 30여 년 전에 처음 내놓은 음식이라고 하면 오히려 놀란다. 발상의 전환이 가고시마의 입맛을, 일본 전국의 상식을 바꿔버린 것이다.

"어쩌면 제가 가고시마 출신이 아니었기에 그런 발상이 가능했다고 생각합니다. 안에선 익숙함에 젖어 안 보이는 것이 밖에서 바라보면 선입관 없이 더 정확하게 보이기도 하니까요." 상식은 깨어지라고 있는 것이다.

흑돼지 샤부샤부 코스 1인분 4천 200엔부터. 돈가스(로스) 750엔. 가고시마 현 가고시마 시 센니치마치 13-21(鹿児島県鹿児島市千日町13-21). 099-224-7634.

원조도 한 수 배우고 가는 미즈타키 이로하

원조(元祖)가 판을 친다. 부산 해운대역 근처에만 가도 '원조 국밥집'이 즐비하다. 원조의 의미는 '어떤 사물의 최초 시작으로 인정되는 것'이다. 그 속에 '가장 맛있다'는 뜻이 포함된 것도 아닐진대, 유독 음식점들은 원조에 집착한다. 정작 우리의 혀에는 원조의 맛을 느끼는 감각 따위는 없는데도 말이다. 굳이 원조가 아니어도 좋다. 맛으로 승부한다면 얼마든지 원조를 넘어설 수 있다. 일본 후쿠오카의 미즈타키 전문점 '이로하(いろは)'가 그 좋은 예다.

'미즈타키(水炊き)'는 후쿠오카에서 생겨난 먹거리다. 닭 육수에 계절 채소와 닭고기를 적당한 크기로 썰어 넣고 끓이다가 건져서 소스에 찍어 먹는 나베(냄비) 요리다. 그 맛이 우리나라의 삼계탕과도 유사해서 우리나라에서 건너온 것이 아닐까 싶지만, 그것은 아니었다.

미즈타키는 메이지 시대에 나가사키 출신인 모리타 헤이자부로 씨가 처음 내놓았다. 1897년 모리타는 15세에 홍콩으로 건너가 영국인 가정에서 일한다. 홍콩 생활 중 중국 요리의 닭찜과 영국풍 콘소메(고기나 채소 삶은 물을 걸러서 만든 맑고 향이 은은한 수프)를 접하고, 그 둘을 일본풍으로 변형해 만들어 먹었다.

일본으로 돌아온 모리타는 1905년 후쿠오카 중심부 하카타에 그 음식으로 가게를 연다. 그것이 바로 미즈타키의 원조집 '스이게츠(水月)'다. 미즈타키를 이야기할 때 이 집을 빼놓을 수 없다. 가게 위치는 변했지만 지금도 여전히 후쿠오카에서 영업을 계속하고 있다.

후쿠오카에서 미즈타키를 언급할 때 스이게츠와 함께 빠지지 않는 가게가 하나 더 있으니 '이로하'다. 이로하는 1953년 개점해 현재 60년째. 스이게츠에 비하면 그 역사도 절반 정도밖에 되질 않는다.

그러나 지명도만은 원조 스이게츠에 뒤지지 않는다. 일본의 유명한 요리 만화 『라면 요리왕』에 언급된 이로하에 대한 이야기를 인용해보자. "외지에서 하카타에 출장 온 사람 중 이곳에서 미즈타키를 먹지 않고 돌아가는 일이 없다고 말하는 사람이 많다."

잠시 만화 속으로 들어가 보기로 한다. 도쿄 출신의 주인공 후지모토는 후쿠오카 출장 중 저녁에 우연히 지인을 만난다. 그 지인이 이끌고 간 가게가 바로 이로하. 이로하가 미즈타키 전문점인 것을 안 후지모토는 살짝 표정이 시무룩해진다. 표정을 눈치챈 지인이 후지모토에게 "미즈타키를 싫어하느냐"고 묻는다. 후지모토는 "그런 게 아니라 어젯밤에도 스이게츠라는 가게에서 미즈타키를 먹었다"고 말한다. 그러자 지인은 "아, 스이게츠였다면 오늘 이로하에서 먹는 것이 문제 될 것 없다"고 말한다.

이유는 뭘까? 스이게츠의 미즈타키와 이로하의 미즈타키는 다르기 때문이다. 스이게츠의 육수는 맑고 투명한 데 반해 이로하의 육수는 탁한 우유색이다. 스이게츠가 깔끔한 맛인 반면 이로하는 그 맛이 짙고 농후하다.

소박해 보이는 가게 입구를 들어선 순간 내부는 입구의 분위기와는 달리 수많은 사진 액자로 채워져 있다. 2대째 가게를 운영하는 하라다 도시코 씨가 가게를 찾은 손님과 함께 찍은 사진이다. 손님들은 일본에서는 누구나 한눈에 알아보는 유명인이란다. 맛은 몰라도 일단 명성 하나만은 만화에 나오는 그대로인 듯하다. 그러나 이름이 난 것과 맛이 반드시 일치하라는 법은 없다. 미즈타키를 주문한다.

육수가 가득 담긴 전골냄비와 닭고기, 채소가 나온다. 육수 냄비에 닭고기를 넣고 끓인다. 끓는 동안 따로 컵에 육수를 따라 한 모금 마신다. 따뜻한 육수에서 느껴지는 닭고기의 풍미가 깊다. 닭고기 진액이라는 게 있다면 그것을 추출해 육수로 만든 느낌. 커피에 비교하자면 일반 라떼에 커피 맛을 더욱 깊고 짙게 하려고 에스프레소 샷을 추가한 느낌이다.

어찌 보면 정말 삼계탕 국물과도 흡사하다. 다만 약재가 들어가지 않기 때문에 삼계탕보다 닭고기 본연의 맛이 더욱 살아난다. 약재나 그 밖의 재료가 들어가지 않았는데도 삼계탕 국물보다 조금 더 진하다.

육수의 비결을 물었다. 우선 닭이 중요하다. 철저하게 토종닭만을 사용한다. 밀집형 닭 사육장이 아닌 자연에 풀어 땅의 힘을 받고 자란 닭이라야 육수 맛이 제대로 우러난다. 구마모토산 토종닭을 5시간 이상 끓여 닭을 건져낸 후, 다시 닭 뼈와 다시마 등을 넣고 한 번 더 끓인다. 나머지 재료는 비밀. 이렇게 하루 이상을 끓여야 제맛이 난다.

하라다 씨는 "잡맛을 철저하게 제거하는 것이 포인트"라고 덧붙인다. "닭을 끓이면 반드시 노란 기름이 생깁니다. 이것이 닭의 풍미를 해치는 잡맛의 큰 요인이지요. 몇 시간에 걸쳐 손으로 계속 그 노란 기름을 걷어내는 작업을 합니다." 미즈타키를 만드는 과정에서 가장 손이 많이 가는 작업이다.

이야기를 듣는 동안 닭고기가 어느 정도 익었다. 채소를 집어넣으려는 필자를 보고 하라다 씨가 손사래를 친다. "우선 닭고기 특유의 풍미를 제대로 느껴보기 위해 채소 없이 닭고기만 먹도록 권합니다."

어디선가 들어본 기억이 있다. 지난번 가고시마의 흑돼지 샤부샤부를 먹는 법과 유사하다. 역시 고기가 맛있으면 다른 양념은 중요하지 않은가 보다. 더하는 것이 아니라 필요 없는 것을 빼는 것. 어느 요리에서도 통하는 이치다.

닭고기가 부드러운 듯 쫄깃쫄깃하다. 질기지 않으면서 쫄깃쫄깃하다. 너무 많이 익혀도 안 되고 너무 덜 익혀도 안 된다. 육수를 만들 때 다섯 시간 가량 익힌 후 다시 손님 앞에서 적당한 시간을 익히는 것. 간단하게 설명할 수 있으면서도 실제로는 쉽지 않은, 이런 것이 그 가게만의 노하우일 것이다.

원조보다도 더 인기라면 원조집이 섭섭해할지도 모르겠다. 그러나 원조와 비교하면 그 역사가 절반밖에 안 되는데도 원조만큼이나

인기다. 그 인기의 비결을 물었다. 역시 이로하만의 육수 맛을 들었다. "육수 말고 다른 것은 없느냐"고 다시 물었다. 맛있는 조리 비법 말고 경영상의 노하우는 없을까, 기대했다.

"맛이 변하지 말아야 합니다. 맛이 변하면 손님이 발길을 돌립니다. 당연하지만 어렵습니다. 가게 규모가 변하거나 분점을 낼 때에도 그렇고, 사람이 바뀌어도 맛이 미묘하게 변하기 쉽습니다." 이로하의 변함없는 맛의 비결은 철저한 가족 경영에서 온다고 했다. 현재 하라다 씨의 외아들 내외와 손자까지 모두 이로하에서 일한다.

예전 같으면 그저 고개를 끄덕였을 것이다. 그러나 오래된 맛집 취재를 계속하면서 조금씩 생각이 변했다. 세월이 흐르면서 손님이 바뀌고 그 입맛 또한 변하는데, 처음 맛을 고집하는 것만이 최선일까? 이런 의문은 앞서 소개한 구마모토 현 조선엿집의 고민이기도 했다.

하라다 씨는 웃으며 답했다. "가게만 2대, 3대를 이어 경영하는 것이 아닙니다. 손님도 2대, 3대가 있습니다." 다섯 살 때부터 아버지 손을 잡고 이로하를 찾은 소년이 이제는 성인이 되어 아들을 데리고 다시 이곳을 찾는다. 입맛이 변하는 게 아니라, 입맛이 형성되는 환경이 변한다. 어릴 때부터 이로하의 미즈타키를 먹고 자라온 아이는 아버지의 입맛과 다를 바 없다는 거다. 그렇게 입맛 또한 대를 이어 간다.

하기야 인생사가 하나의 정답만으로 굴러갈까? 이로하는 이로하 나름의 정답이 있는 것이다. 이로하는 분명 미즈타키 원조집이 아니지만 '이로하식 미즈타키' 또한 존재한다. 이로하식 미즈타키의 원조는 이로하다. 모든 음식이 자기만의 특색을 지닌다면 하나의 원조가 될 수도 있겠다. 그렇다면 굳이 가게 앞에 '원조'라는 수식어를 붙일 이유도 없어지지 않을까?

소울푸드 미소시루가 주인공
미소시루노덴

한국인 가운데 김치 싫어하는 사람이 있을까? 물론 있다. 그러나 대부분 한국인에게 김치 없는 밥상은 좀 서운하다. 그렇다고 밥상에 덜렁 김치만 올라오면? 그 또한 섭섭하다. 밥상 위에 없으면 섭섭하지만, 밥상의 주연이 되기엔 뭔가 모자란 느낌. 가끔 찌개로 변신해 주연이 되기도 하지만 그것은 어디까지나 김치찌개지, 김치는 아니다. 만년 조연 신세랄까. '나는 쌀밥에 김치만 있으면 된다'고 말씀하시는 분, 정말 그렇게 나오는 식당에 가본 기억이 있으신가. 그런 식당은 없다.

일본 음식에도 김치 같은 만년 조연이 있으니 바로 미소시루다. 미소시루가 빠진 일본 식탁은 상상하기 어렵지만, 역시 밥상의 주연과는 거리감이 있다. 그런데 이 만년 조연을 과감히 주연으로 발탁시킨 가게가 있다. 후쿠오카 나카스(中州)의 뒷골목에 있는 '미소시루노덴(みそ汁の田)'. 미소시루를 간판 메뉴로 내세운 가게다. 일본 전역을 뒤져도 이런 가게는 흔치 않다.

나카스는 서일본에서 가장 화려한 환락가다. '불야성'이라는 단어가 여기만큼 잘 어울리는 곳도 드물다. 그러나 밝고 화려함 뒤에는 늘 어둠이 있기 마련. 화려한 밤의 네온사인 뒤편으로 자리 잡은

나카스의 작은 뒷골목 '닌교소지(人形小路)'는 오히려 태평양전쟁 직
후의 분위기마저 풍길 정도로 차분하다. 골목의 목조 건물 안쪽으로
'밭 전(田)'자가 새겨진 작은 등롱 하나가 바람에 흔들린다.

‘미소시루노뎬’이 닌교소지에 가게를 연 것은 1981년이다. 일본 경제가 한창 거품을 물고 하늘 높은 줄 모르고 치솟던 시절. 나카스의 네온사인이 가장 밝게 빛나던 시절이기도 했다. 매일 밤 고급 요정에선 말끔한 슈트 차림의 샐러리맨들이 마치 성공한 제 인생이라도 노래하듯 프랭크 시나트라의 ‘마이웨이’를 불러댔다. 값비싼 서양 레스토랑도 우후죽순처럼 들어서 이탈리아풍, 프랑스풍 등 별별 음식점이 유행처럼 번져갔다. 소박한 미소시루 가게가 문을 연 것도 그 즈음이었다. 이런 시대착오적인 발상의 근간을 들어봤다.

“버블경제의 영향인지 식문화도 빠르게 변해갔습니다. 원래 일본인의 식탁에는 밥과 미소시루가 빠지면 안 되었죠. 그런데 어느새 빵과 커피가 빠르게 그 자리를 대신하고 있었습니다. 미소시루는 세계 어떤 음식과 겨뤄도 뒤지지 않을 만큼 훌륭한데… 제대로 된 미소시루

를 사람들에게 대접하고 싶었습니다." 미소시루노덴의 주인장 다구치 다카히로 씨의 시대착오적인 '미소시루 전격 캐스팅'의 전말이다.

이어지는 그의 이야기. 한국의 김치도 언급된다. "미소시루는 일본인의 소울푸드예요. 한국인의 소울푸드라면, 음…, 김치인가요? 일본인에게 미소시루는 한국인의 김치 같은 존재입니다." 나 역시 전혀 다른 음식인 김치와 미소시루의 운명이 왠지 닮았다고 생각하던 차였다. 한껏 분위기를 타버린 나는 그 참에 '김치-미소시루 조연론'까지 풀어놓았다. 그런데 다구치 씨의 반응은 미지근하다. "그럴지도 모르죠. 하지만 이런 상상은 어떨까요? 만약에 지구의 자원 부족이 심각해져 FAO(세계식량농업기구)에서 전 세계에 '음식 수가 너무 많다. 필요없는 음식 수를 줄여라'고 한다면, 가장 마지막까지 남을 음식은 무엇일까요? 일본인이라면 밥과 미소시루일 겁니다. 한국인은 밥과 김치겠죠? 미소시루의 수수한 맛은 다만 눈에 띄지 않을 뿐이지, 결코 조연은 아닙니다. 최후까지 살아남는 주연 중에서도 주연이지요."

다구치 씨의 '김치-미소시루 주연론'에 '조연론'은 입안으로 쏙 들어갔다. 주연이면 어떻고 조연이면 또 어떠랴. '일단 먹자'는 생각에 메뉴판에 손을 뻗는다. 메뉴판을 펼치니 미소시루의 종류가 무려 열여섯 가지다. 서른한 가지를 골라 먹는 아이스크림도 아니고…. 생각보다 많은 종류의 미소시루에 놀란 가슴을 추스르며, 그 이름을 하나하나 훑어본다. 재료의 이름을 그대로 사용해 이해가 쉽다. '두부와 유부', '무와 유부', '감자와 미역'…. 이런 식이다. "이렇게 종류를 많이 한 특별한 이유라도 있나요?" "미소시루는 지역에 따라서도 다르지만, 같은 지역에서도 집집마다 그 맛이 달라요. 그래서 일본에선 '어머니의 손맛'이라 불립니다." 이 점 또한 김치와 닮았다. "그러니 손님들의 취향도 제각각일 수밖에요. 가능한 한 손님들의 취향에 맞추고 싶어 선택지를 다양하게 하려다 보니 그렇게 됐네요."

마음 같아선 전부 먹어보고 싶지만, 한 번에 가능할 리 없다. 주인장에게 제일 많이 팔리는 두 종류만 추천을 부탁했다. 그렇게 나온 것이 '바지락 미소시루'와 '가지와 유부 미소시루'. 우선 '바지락 미소시루' 그릇의 뚜껑을 연다. 젓가락으로 휘저은 후 한 입 들이마신다. 얼큰하다. 이건 한국 탕이나 찌개에 사용될 법한 표현인데…. 지금까지 경험해온 수많은 일본 국물 요리의 공통된 아쉬운 점을 들라면 '그다지 얼큰하지 않다'는 점이다. 그래서 숙취가 심한 날 해장될 만한 국물 찾기가 어렵다. 이 정도면 딱 좋겠다, 라는 생각이 든다. 얼큰함이 희미해지면서 그 옅어지는 틈새로 해산물 특유의 시원함이 스며 나온다. 바지락의 힘이다. 한 입에 비워버리고 싶지만, 생각보다 양이 많다. 다른 한 녀석 또한 소홀히 대할 수는 없는 법. 뚜껑을 덮어놓고 '가지와 유부 미소시루'를 눈앞으로 가져온다. 한국의 장국만

큼이나 진하다. 가지와 유부에서 우러나온 맛이 국물에 배어 향을 더
해주었다. 그 맛 때문에 국물 자체가 마치 전분을 조금 넣은 것 정도
만큼 아주 약간 더 뻑뻑해졌다. 그리고 그 약간의 뻑뻑함이 다시 맛
의 진함으로 이어져 풍미를 더해준다.

더욱 신기한 것은 두 미소시루의 '미소' 맛이 다르다는 점이다. 전혀 다른 미소를 사용한 것 같다. "두 미소시루에 사용되는 미소가 다른 것들인가요?" "흐흐, 그렇게 느껴지시나요? 다르다면 다르고, 같다면 같습니다." 이게 무슨 소릴까? 다구치 씨의 말이 이어진다. "미소시루에 들어가는 재료에 따라서 쌀 미소와 보리 미소의 비율이 달라져요. 미소시루 한 그릇에 들어가는 전체 미소의 분량도 재료에 따라 제각각이고요."

일본의 미소는 크게 쌀 미소와 보리 미소로 나뉜다. 쌀 미소는 상대적으로 달고, 보리 미소는 상대적으로 짜다. 어떤 비율로 섞느냐에 따라 미소시루의 맛이 달라진다. 재료의 특징에 따라 알맞은 비율을 찾는 것이 '미소리루노덴'의 미소시루를 만드는 가장 중요한 포인트다. 그 밖에 또 어떤 점에 신경을 쓰느냐고 물었다. 미소시루를 만들 때 강한 불에 확 끓어 넘치지 않도록 하는 것. 그래야 맛이 깊어진단다. 다구치 씨는 장모에게서 미소시루를 배웠다. 역시 '어머니의 손맛'이다. 그러나 앞서 말했던 것처럼 재료에 알맞은 미소의 양과 비율은 다구치 씨가 많은 시행착오 끝에 직접 찾아낸 것이라고 한다. 16가지 메뉴에 16가지 미소의 맛이라니! 대단하다.

밥을 빠뜨릴 뻔했다. 단출한 식단이다 보니 밥맛도 중요하다. 이날 나온 밥은 '토리고항(닭고기 밥 정도 되겠다)'이다. 간장·설탕·사케로 맛을 들여 밥을 지은 후, 닭 다리 살과 우엉을 보태 다시 조금 뜸을 들인다. 잘게 썬 닭 다리 살과 우엉이 고들고들한 쌀밥과 잘 어울린다. 보통은 흰 쌀밥을 내지만, 화요일과 목요일은 '토리고항'처럼 맛을 낸 특별한 밥을 준비한다.

맛에 감동하면서도 은근히 걱정이다. 과연 장사가 될까? 필자야 한국인이라 색다르게 느껴질지 모르지만, 어떤 메뉴에나 따라 나오는 미소시루 아니던가. 그런데, 장사가 잘된다. 그것도 문을 연 이래 부침도 없이. 지금은 단골손님만 300명이 넘는단다. 지난해 시내 한 호텔에서 열린 개업 30주년 기념식에는 단골 170명이 참석했다. 도대체 300명 단골의 기준이 뭘까? 잠시 궁금해진다. "한 달에 두세 번은 들르는 사람들이랄까요. 특히 후쿠오카는 '지점(支店) 경제의 도시'잖아요. 도쿄나 오사카에서 단신 부임해 거주하는 샐러리맨이 많아요. 혼자 살다 보니 집에서 제대로 된 미소시루를 먹기 어려워 자주 들러주세요. 본사로 돌아간 후에도 후쿠오카에 들를 땐 잊지 않고 꼭 찾아주신답니다."

샐러리맨이 주 고객층인 나카스의 뒷골목에 위치하다 보니, 이런 수수한 메뉴가 되레 잘 어울리는 느낌이다. 그래, 사람이 먹고사는 건 다 거기서 거기다 싶다. 화려한 술자리 끝에는 수수한 미소시루가 더 생각날지도 모르겠다.

어느새 두 그릇을 다 비웠다. 예상 외로 많은 양에 배가 차오른다. 배가 부르니 그제야 주변 것들이 보인다. 재즈가 흘러나온다. 허비 행콕의 '칸타로프 아일랜드'다. 어라, 미소시루집에 재즈라…? 우리네 김치찌개나 된장찌개 집에 재즈를 틀어놓은 느낌. 상상조차 어렵다. 그런데 의외로 잘 어울린다. "미소시루를 만드는 방법은 간단하지만, 미소와 함께 들어가는 재료에 따라 그 맛이 천차만별입니다. 그런 점에서 같은 곡이라도 뮤지션의 애드립에 따라 천차만별로 변하는 재즈와 닮았죠." 이야기를 들어보니 가게를 시작하기 전 밴드 활동을 했다고 한다.

재즈와 미소시루. 듣고 보니 정말 닮았다. 재즈는 노스텔지어를 자극한다. 공황기의 미국에는 가본 적도 없지만 중절모와 버번, 그리고 질펀한 재즈에서 왠지 모를 향수를 느낀다. 노스텔지어가 꼭 자신의 유년 경험에서 비롯된 것만은 아닐 것이다. 미소시루 역시 한국인인 내 경험 속에선 특별한 장(章)을 차지하고 있진 않지만, 역시나 고향 집 음식 같은 편안한 향수가 느껴진다. 30여 년밖에 되지 않은 이 가게가 여느 많은 노포 못지않은 세월의 흔적을 느끼게 하는 것 또한 그 때문일까.

FAO가 일본인에게 '마지막으로 밥과 미소시루 중 하나를 선택하라'고 하지 않는 한, 앞으로 30년, 100년 뒤에도 이 가게는 여전히 닌교소지에 남아 있을 듯하다. 그것이 바로 미소시루의 힘이다. 또한 그런 미소시루를 고집하는 완고함, 그러면서도 미소시루의 종류에 따라 전혀 다른 맛을 내는 애드립, 이 두 가지를 완벽하게 양립해나가는 다구치 씨의 힘이기도 하다. 현재 다구치 씨의 아들 슈 씨가 다구치 씨의 미소시루 사랑을 함께 이어가고 있다.

미소시루 200~600엔. 영업 시간 오후 5시~오전 2시. 매주 일요일, 공휴일 휴무. 후쿠오카 시 하카타 구 나카스 4-1-19(福岡市博多区中州 4-1-19). 092-291-3286.

낮에는 가업, 밤에는 프랑스 요리
시노하라 산쇼도

취업대란이다. 2013년 청년실업률이 10% 가까이 치솟았다니 그 안에 속하는 이들의 속 타는 마음이야 오죽할까 싶다. '취업 공부고 뭐고 다 때려치우고 장사나 할까'라는 생각도 해보지만 어디 장사는 아무나 하나. 그럴 땐 식당을 운영하는 부모를 둔 친구가 부러워진다. 대박까지는 바라지 않더라도 가게를 물려받아 그럭저럭 사는 것도 나쁘지 않겠다.

그러나 정작 선택의 여지도 없이 무조건 가업을 이어야만 한다면? 어릴 적부터 자신의 꿈 따위는 제대로 피워보지도 못하고, 나이가 들면 당연한 듯 가업을 잇는다. 일본 규슈의 노포를 취재하면서 만난 상당수의 사람이 그랬다. 어린 시절 그들의 꿈은 과연 무엇이었을까, 궁금해진다. 취업대란 속에서 속을 태우는 현대의 젊은이와 그들 중 누가 더 행복한 걸까? 아니, 누가 덜 불행한 것일까? 사가 현 가라츠 시의 '시노하라 산쇼도(篠原三松堂 · 이하 산쇼도)'로 향하는 도중 가이드를 맡아 준 한 지인과 나눈 이야기다. 아주 공교롭게도 '산쇼도'에서 무릎을 쳤다. 그래, 이렇게 하면 되는 거였어!

1926년 창업한 '산쇼도'는 '긴카토(金華糖)'를 만드는 가게다. 긴카토는 설탕과자다. 설탕물을 다양한 모양의 형틀에 부어 식힌 과자를 총칭한다. 일본에선 이런 설탕과자를 한편으로 '아루헤이토(有平糖)'라고도 한다. '아루헤이'는 '알페루아(alfeloa)'라는 포르투갈어로, 사탕밀로 만든 막대 과자를 말한다. 이 때문에 긴카토는 포르투갈의 선교사에 의해 일본에 전해졌을 것이라는 설이 유력하게 받아들여진다. 일본의 근대화 당시 규슈가 서양문물을 받아들이던 입구였기 때문에 규슈에서 좀 더 낯익은 과자다.

만드는 과정은 의외로 간단하다. 우선 백설탕과 물을 함께 끓여 흰 우유색이 돌 때까지 저어 졸인다. 적당히 졸아든 설탕물을 형틀에 부어 그 모양대로 식힌 후 식용색소로 채색하면 완성. 설탕과 물을 끓여 졸이는 과정에서 적당한 졸임 정도를 찾아내는 일은 말만큼 쉽지만은 않다.

뜨거운 여름날 오후, 산쇼도의 문을 여는 순간 잠시 어리둥절하다. 내가 더위를 먹었나? 다시 나가 간판을 재차 확인한 후 가게로 들어섰다. 무슨 가게가 이렇게 '주제 의식'도 없이 꾸며져 있나? 뭘 하는 가게인지 당최 알 수가 없다. 무슨 말이냐고? 잠시 시내버스 내부보다 조금 작은 가게 내부에 대해 설명해보겠다. 입구에서 오른편 긴 벽으로 여러 크기의 긴카토가 진열되어 있다. 여기까지는 좋다. 그런데 그 반대쪽이 문제다. 왼쪽은 엉뚱하게도 바(Bar)다. 카운터 위로 다양한 술이 널렸다. 잠시 반쪽은 남자이고 다른 반쪽은 여자인 아수라 백작의 얼굴이 떠오른다.

산쇼도의 3대째 사장 시노하라 히로시 씨는 다행히(?) 아수라 백작과는 전혀 닮지 않았다. "이 무슨 해괴한 내부구조랍니까?" 이것부터 묻지 않을 수 없었다. "지금 긴카토가 진열된 쪽이 산쇼도입니다. 반대쪽은 전혀 다른 가게이고요."

그랬다. 이 공간에는 두 가게가 한꺼번에 자리 잡고 있었다. 한 가게가 문을 닫아야 다음 가게의 영업이 시작된다. 산쇼도의 영업시간은 오전 10시부터 오후 6시까지. 그리고 한 시간의 공백 후 오후 7시, 다시 불이 켜진 이곳은 산쇼도가 아니라 프렌치 레스토랑 '세르피(Cerfeuil)'가 된다. 그리고 산쇼도의 3대째 사장 시노하라 씨는 프렌치 레스토랑 세르피의 오너이자 셰프로 변신한다. "오후 6시부터 한 시간 동안 가게의 모든 전원을 내립니다. 기어를 바꿔 끼운다고나 할까요? 제 자신이 바뀌는 거지요." 이 정도면 기어를 바꾸는 정도가 아니라, 차를 아예 바꾸는 거다. 그것도 조용한 세단에서 경주용 스피드카로.

시노하라 사장이 프렌치 요리에 눈을 뜬 것은 후쿠오카에서의 대학 생활 중이었다. 프렌치 레스토랑의 아르바이트가 시작이었다. 프렌치 요리가 마음에 든 그는 대학을 졸업하고도 계속 프렌치 레스토랑에서 요리를 배워가며 일을 했다. 요리는 그에게 지금껏 맛보지 못한 즐거운 경험이었다. 그러나 후쿠오카 생활은 그다지 길지 않았다. 졸업 후 몇 년이 지나자 부모님의 성화에 못 이겨 다시 고향으로 돌아와야 했기 때문. 그리고 부모님의 일(지금은 본인의 일이 되어버린)인 긴카토 만드는 것을 돕게 된다. "잠시 고향에서 프렌치 레스토랑을 경영하기도 했지만, 부모님이 나이가 들면서 제가 산쇼도에서 자리를 비우기가 힘들어졌어요. 하는 수 없이 레스토랑을 포기해야만 했죠."

그리고 지금부터 10년 전, 산쇼도의 일이 오롯이 시노하라 사장의 것이 되면서 그는 조금 다른 발상을 하게 된다. "산쇼도를 지켜나가면서도 프렌치 레스토랑을 겸할 방법이 없을까? 방법이 떠올랐어요. 첫째, 프렌치 레스토랑은 밤 장사만 할 것. 둘째, 한 공간에서 두 가지 일을 같이 할 것. 이 두 가지에 모든 해법이 들어 있었던 거죠."

시노하라 사장과의 이야기는 취재라기보다 오래간만에 만난 지인과의 담소 같았다. 담소 중에 시노하라 사장의 아들 시노하라 게이스케 씨가 들어왔다. 시내에서 DJ를 하며, 밤에는 세르피에서 칵테일을 만든다. 게이스케 씨가 차와 함께 주전부리로 긴카토를 내어온다. 깨어 먹었다. 깨무는 순간 입속에서 와르르 부서진다. 순간 설탕의 단맛이 혀를 타고 녹아서 퍼진다. 사실 설탕을 녹여 다시 굳히는 것이니, 게다가 설탕 외에는 아무런 맛도 첨가하지 않으니, 그 맛이 설탕인 것은 당연하다. 그냥 설탕보다 달게 느껴지는 것은 단순히 기분 때문일까? 보기에 좋은 떡이 먹기에도 좋다는 말이 새삼 떠오른다.

여러 모양의 긴카토 중에서도 가장 인기 있는 것은 생선 도미 모양의 긴카토다. 일본에서 도미는 행운과 복을 상징한다. 우리에게 붕어빵으로 잘 알려진 다이야키(鯛焼き)의 '다이(鯛)'가 바로 도미다. 이처럼 여러 모양을 섬세하게 만들기 위해서는 설탕물의 졸임 정도가 중요하다. 뜨거운 설탕물을 직접 맛볼 순 없기에 저을 때의 빽빽함과 육안으로 보이는 색으로 그 적당한 정도를 가늠할 수 있어야 한다.

시노하라 사장은 아직 아들에게 긴카토를 만들게 하지 않는다. 정확하게 말하자면 아들이 만든 긴카토는 상품으로 내지 않는다. "아직은 아들의 실력이 제 성에 차지 않아요. 설탕물과 좀 더 친숙해져야 합니다." 밤 장사의 칵테일은? "칵테일은 곧잘 만들어요." 아들의 생각은 다르다. "아버지가 칵테일보다 긴카토에 좀 더 엄격할 뿐이에요." 아무래도 가업이니만큼 자기도 모르게 더 엄중한 잣대를 들이대기 마련이다.

돌연 짓궂은 생각이 들어 화제를 바꾼다. "굳이 둘 중 하나를 본업이라고 소개해야 한다면 어느 쪽일까요?" "둘 다 본업입니다." 조금의 주저도 없는 대답에 뚫고 들어갈 여지가 없다. 우회하기로 한다. "둘 중 어느 쪽이 더 돈을 잘 버나요?" 이번엔 잠시 웃기만 하더니 대답한다. "지금은 둘이 비슷합니다." 사실 10년 전까지만 해도 긴카토는 장사가 안 됐다. 버블 시대에 사람들이 화려한 것만 찾다 보니 촌스러운 긴카토는 인기가 없었다. 당연히 만드는 사람도 줄었다. "주위에 우리 집말고도 몇 집 정도가 더 있었지요. 그러나 장사가 그다지 잘 안 되는 데다, 주인이 나이가 들면서 대를 이을 사람마저 끊겨 문을 닫는 경우가 대부분이었습니다." 버블이 꺼지고 사람들이 다시

긴카토를 찾기 시작했다고 한다. "뭐랄까, 화려한 시기가 꺼지면서 오히려 옛날의 추억을 찾는 사람이 늘어난 것 같아요." 인터넷이 발달한 영향도 있을 것이다. 도쿄에서도 주문이 들어온다. 주로 결혼식 하객에게 주는 선물용 과자다. 그러다 보니 주로 한번에 대량을 주문한다.

"아들이 세르피를 잇겠다고 하면?" "그거야 본인 마음이지요. 그러나 뭘 하든지 간에 산쇼도는 이어야 할 겁니다." 그리고는 웃는다. "긴카토를 만드는 기술은 우리 집안의 재산입니다. 저의 대에서 그것이 끊어진다면, 제가 재산을 다 탕진해버린 셈이 되는 거죠. 그렇게는 할 수 없습니다. 그것은 일종의 책임이니까요." 그래서 부모를 닮는다고 하는가 보다. 수십 년 전의 부모님처럼 아들에게 가업을 강요하는 셈이다. 그러나 시노하라 사장이 이렇게 가업을 지키는 데 철저할 수 있는 것은 겸업이 가능하기 때문이다. 아들이 하고 싶은 일을

막을 생각은 없다. 본인 역시도 그 마음을 잘 알고 있다. 또한 어떻게 가업과 자신의 꿈을 함께 할 수 있는지도 알고 있다.

물론 가업이 어떤 것이냐에 따라 겸업이 가능할 수도, 그렇지 않을 수도 있다. 하지만 스스로 포기하지 않고 노력한다면 어떤 식으로든 방법은 생기지 않을까? 누구도 시노하라 사장에게 "당신의 가업은 다른 가게와 함께할 수도 있지 않으냐"라고 말해주지 않았다. 오히려 "프렌치 레스토랑은 그만 포기하고 가업을 이어라"는 말뿐이었다. 그런 상황에서 시노하라 사장 스스로가 포기하지 않고 길을 찾았다. 그러자 길이 나타났다.

산쇼도를 나오며 불현듯 우리의 설탕과자가 떠올랐다. 그것을 뭐라고 불러야 될지 마땅치는 않지만, 우리에게도 설탕과자는 있었다. 커다란 국자 속 설탕물을 스테인리스 판 위에 조금씩 부어나가며 그림을 그리듯 형상을 만들던 장인(匠人)들. 국자에서 흘러내린 설탕물은 어느새 공작이 되고, 붕어가 된다. 초등학교 하굣길, 골목 어귀에서 장인의 난전이 열리는 날이면 그것을 지켜보느라 집에 가는 일조차 잊어버릴 정도였다. 그러나 장인의 예술성을 알아차린 것은 어린 이들뿐이었던지, 장인의 모습은 어느새 사라지고 말았다. 지금도 가끔 생각이 난다. 한 번쯤 다시 그 멋진 제작 과정을 지켜보고 싶다. 어떤 식으로든 그 명맥이 이어졌더라면 좋았을 텐데, 산쇼도의 긴카토처럼 말이다.

도미 모양의 긴카토 300~3천 150엔(크기에 따라). 영업시간 '산쇼도' 오전 10시~오후 6시. '세르피' 오후 7시~자정. 사가 현 가라츠 시 우오야마치 2006(佐賀県唐津市魚屋町2006). 0955-72-4466.

:: 니쿠자가 ::

　　일본 드라마 〈심야식당〉 두 번째 시즌에 나오는 이야기다. 식당에서 단골손님이 '니쿠자가(肉じゃが)'에 얽힌 일화를 들려준다. 그는 후쿠오카로 전근와 혼자 자취하던 시절, 한 여자를 알게 된다. 여자는 혼자 사는 남자를 위해 종종 니쿠자가를 만들어 남자 집으로 가져다준다. 남자는 니쿠자가를 만들어주는 여자에게 반하고, 둘은 연인 관계로 발전한다. 동거 2개월째, 여자는 남자의 통장을 훔쳐 달아난다.

　뻔한 스토리다. 그러나 더욱 뻔한 것은 니쿠자가다. 일본인이라면 "그렇지!"라며 무릎을 칠 만큼 이런 식의 이야기에 딱 들어맞는 음식이 바로 니쿠자가다. 그렇다고 사기꾼과 관련이 있다는 말은 아니다. 오히려 그 앞의 순애보까지다.

　일본에서는 성인이 되면 일반적으로 부모님의 집을 나와 결혼 전까지 혼자 산다. 남자, 특히나 혼자 사는 남자에게 잘 보이기 위해 여자가 만들어주는 전형적인 음식이 바로 니쿠자가다. 다른 음식도 많겠지만 그 상황에서 열에 아홉은 니쿠자가를 떠올린다. 남자 역시 니쿠자가를 만들어주는 여자에게 반한다. "캬~, '내가 니쿠자가를 만들어줄게'라니!(어떻게 남자가 반하지 않을 수 있겠어?)" 〈심야식당〉에 나오는 대사, 이 한 마디가 모든 것을 설명한다.

　니쿠자가가 대체 뭐길래? 니쿠자가란 고기와 감자, 양파, 실곤약을 간장과 설탕, 맛술을 보태서 달게 조린 음식이다. 주로 소고기를 사용하지만 돼지고기도 괜찮다. 우리나라 장조림과 비슷한데 메추리알 대신 감자가 들어 있다고 상상하면 되겠다.

　그렇다면 왜 하필이면 니쿠자가인가? 니쿠자가는 집에서 흔히 만들어 먹는 음식이다. 혼자 사는 남자들은 니쿠자가에서 '어머니의 맛' 혹은 '고향의 맛'을 떠올린다. 게다가 보존이 쉬워서 냉장고에 넣어두면 며칠간 먹을 수도 있다. 이 점 또한 혼자 사는 남자에게 그만이다. 그래서 다른 어떤 음식보다 니쿠자가를 만들어 주면 남자들은 유독 기뻐한다. 혹시 주변에 일본에서 건너온 남자 유학생 혹은 직장인이 있다면, 그리고 그에게 연정을 품은 한국 여성분이라면, 참고하시길 바란다. 김치찌개도 못 끓이는데, 남의 나라 음식을 어떻게 만드느냐고? 여기에 남자들은 잘 모르는 또 하나의 숨겨진 이유가 있다.

　일본에서 혼자 생활하던 시절, 한 여성으로부터 손수 만든 니쿠자가를 받은 적이 있다. 애틋한 감정이 있어서가 아니라 그저 혼자 사는 외국인이 안쓰러웠던 게다. 모든 법칙에는 항상 예외가 있는 법이다. 애틋한 감정이 없었기에 오히려 그녀로부터 왜 여자들이 그 많고 많은 음식 중에서 유독 니쿠자가를 만드는지, 적나라한 설명을 들을 수 있었다. "그것은 사실…, 만들기 쉽기 때문이에요. 남자들은 대개 니쿠자가가 만들기 어려운 음식이라고 생각하거든요. 작은 노력으로 큰 감동을 줄 수 있는 거죠." 남녀 관계에 있어, 착각의 마지막 한 꺼풀은 벗기지 않는 편이 좋을 수도 있겠다.